高速公路现浇混凝土连续梁桥病害分析与维修加固技术

河南交投设计咨询有限公司　组织编写

人民交通出版社

北京

内 容 提 要

本书主要对现浇混凝土连续梁桥典型病害进行了介绍与分析,总结了常用的维修加固技术,并对维修加固工艺进行了介绍,列举了几项具有代表性的现浇混凝土连续梁桥维修加固工程实例。本书重点介绍了增大截面加固法、粘贴钢板加固法、粘贴纤维复合材料加固法、预应力碳纤维加固法、体外预应力加固法、改变结构体系加固法等加固技术及施工工艺,并对墩顶增设钢盖梁加固工艺、独柱墩改薄壁墩抗倾覆改造工艺、玻纤套筒修复基桩工艺、钢套筒修复基桩工艺等进行了介绍。

本书可供公路工程行业相关设计、施工技术人员参考使用。

图书在版编目(CIP)数据

高速公路现浇混凝土连续梁桥病害分析与维修加固技术 / 河南交投设计咨询有限公司组织编写. — 北京：人民交通出版社股份有限公司, 2025.3. — ISBN 978-7-114-20048-9

Ⅰ. U448.33

中国国家版本馆 CIP 数据核字第 2025EK5586 号

Caosu Gonglu Xianjiao Hunningtu Lianxuliangqiao Binghai Fenxi yu Weixiu Jiagu Jishu

| 书　　名：高速公路现浇混凝土连续梁桥病害分析与维修加固技术
| 著 作 者：河南交投设计咨询有限公司
| 责任编辑：师静圆　刘永超
| 责任校对：龙　雪
| 责任印制：刘高彤
| 出版发行：人民交通出版社
| 地　　址：(100011)北京市朝阳区安定门外外馆斜街 3 号
| 网　　址：http://www.ccpcl.com.cn
| 销售电话：(010)85285857
| 总 经 销：人民交通出版社发行部
| 经　　销：各地新华书店
| 印　　刷：北京市密东印刷有限公司
| 开　　本：787×1092　1/16
| 印　　张：9.5
| 字　　数：192 千
| 版　　次：2025 年 3 月　第 1 版
| 印　　次：2025 年 3 月　第 1 次印刷
| 书　　号：ISBN 978-7-114-20048-9
| 定　　价：90.00 元

(有印刷、装订质量问题的图书,由本社负责调换)

《高速公路现浇混凝土连续梁桥病害分析与维修加固技术》

编审委员会

主　　编：张　兵　陈　猛　赵　翔

副 主 编：何素乐　韩功学　王　珂

参编人员：陈家锋　郑　莉　武　苗　吴兴正

　　　　　孟　斌　孔振亚　刘　强　黎　杰

　　　　　李严冬　朱会茹　魏少华　郑志强

　　　　　王光绪　王丽敏　张亚飞　陈文然

　　　　　葛聚林　徐　娟　王　昊　陈　冰

　　　　　夏云飞　王　帅

主　　审：陶向华

PREFACE 前言

截至 2023 年末,我国公路里程达 543.68 万公里,其中高速公路总里程达到 18.36 万公里,居世界第一;公路桥梁 107.93 万座、总长 9528.82 万延米,其中特大桥 10239 座,大桥 17.77 万座。

连续梁由于中支点负弯矩的存在可降低跨中弯矩,与简支梁相比其结构受力更合理、跨越能力更大,且行车舒适性更高,因此,高速公路变宽、小半径曲线桥梁多采用现浇混凝土连续箱梁结构,连续梁成为高速公路常见桥梁结构之一。调查显示,部分高速公路混凝土连续箱梁桥在服役期间出现了较为严重的早期病害,个别桥梁运营几年后即进行维修加固,甚至限载、拆除。分析认为,设计不周、施工缺陷、维护不及时,尤其是超载等是诱发病害的重要原因。

本书通过对现浇混凝土连续梁桥典型病害的分析,结合具体的维修加固技术和工程实例,为桥梁工程技术人员提供了一套系统的、可操作的维修加固方案,以应对桥梁在使用过程中可能出现的各种问题。希望通过本书的研究和应用,能够为提高我国高速公路桥梁的安全性和耐久性做出贡献。全书具体内容安排如下:

第 1 章:概述。阐述本书编写的背景与意义、现浇混凝土连续梁桥病害的普遍性与严重性,以及维修加固技术的必要性与挑战。

第 2 章:现浇混凝土连续梁桥典型病害分析。详细分析现浇混凝土连续梁桥在使用过程中常见的病害,包括梁体裂缝、支座病害、附属设施病害等,探讨各类病害的成因、危害及处治方法。

第 3 章:现浇混凝土连续梁桥维修加固技术。系统介绍现浇混凝土连续梁桥维修加固的目标与原则,详细阐述各类维修加固技术的原理、适用条件、施工方法及构造要求,包括增大截面加固法、粘贴钢板加固法、粘贴纤维复合材料加固法、预应力碳纤维加固法、体外预应力加固法、改变结构体系加固法等。

第4章：现浇混凝土连续梁桥维修加固工艺。概述现浇混凝土连续梁桥维修加固的施工工艺，包括施加体外预应力钢束加固工艺、粘贴钢板工艺、粘贴碳纤维板工艺、预应力碳纤维加固工艺、裂缝处治工艺、混凝土破损及露筋处理工艺、纵向增设钢支撑加固工艺、墩顶增设钢盖梁加固工艺、独柱墩改薄壁墩抗倾覆改造工艺、玻纤套筒修复基桩工艺、钢套筒修复基桩工艺等。

第5章：高速公路现浇混凝土连续梁桥维修加固工程实例。通过具体的工程实例，详细介绍现浇混凝土连续梁桥维修加固的设计、施工及效果评估，包括历史复杂现浇混凝土连续梁桥维修加固案例、独柱墩连续梁桥抗倾覆维修加固案例等。

由于作者水平有限，书中难免存在错误与不足之处，敬请批评指正。

作 者

2024 年 10 月

CONTENTS 目录

1 概述

1.1 研究背景与意义 ··· 3
1.2 现浇混凝土连续梁桥病害的普遍性与严重性 ············· 3
1.3 维修加固技术的必要性与挑战 ····························· 4
1.4 结论 ··· 4

2 现浇混凝土连续梁桥典型病害分析

2.1 梁体裂缝 ··· 7
2.2 支座病害 ··· 34
2.3 附属设施病害 ·· 36

3 现浇混凝土连续梁桥维修加固技术

3.1 维修加固的目标与原则 ······································· 43
3.2 裂缝类病害处治 ·· 45
3.3 增大截面加固法 ·· 45
3.4 粘贴钢板加固法 ·· 48
3.5 粘贴纤维复合材料加固法 ··································· 52
3.6 预应力碳纤维加固法 ·· 58

3.7 体外预应力加固法 …… 60
3.8 改变结构体系加固法 …… 66
3.9 主、被动加固相结合方法 …… 67

4 现浇混凝土连续梁桥维修加固工艺

4.1 施加体外预应力钢束加固工艺 …… 71
4.2 粘贴钢板工艺 …… 74
4.3 粘贴碳纤维板工艺 …… 75
4.4 预应力碳纤维加固工艺 …… 76
4.5 裂缝处治工艺 …… 78
4.6 混凝土破损及露筋处理工艺 …… 81
4.7 纵向增设钢支撑加固工艺 …… 82
4.8 墩顶增设钢盖梁加固工艺 …… 83
4.9 独柱墩改薄壁墩抗倾覆改造工艺 …… 84
4.10 玻璃纤维套筒修复基桩工艺 …… 85
4.11 钢套筒修复基桩工艺 …… 87

5 高速公路现浇混凝土连续梁桥维修加固工程实例

5.1 历史复杂现浇混凝土连续梁桥维修加固案例 …… 91
5.2 独柱墩连续梁桥抗倾覆维修加固案例 …… 133

参考文献

1 概述

1.1 研究背景与意义

随着我国高速公路的快速发展和桥梁建设技术的不断进步,现浇混凝土连续梁桥因其结构整体性好、刚度大、变形小、行车舒适等优点,在高速公路桥梁建设中得到了广泛应用。然而,随着时间的推移,这些桥梁在使用过程中不可避免地会出现各种病害,如梁体裂缝、支座损坏、附属设施破坏等。这些病害不仅影响了桥梁的正常使用功能,还可能引发严重的安全事故,威胁人民群众的生命财产安全。

因此,对现浇混凝土连续梁桥的病害进行深入分析,并研究有效的维修加固技术,对于保障桥梁的安全运营、延长桥梁的使用寿命、减少事故发生的风险具有重要的现实意义。

1.2 现浇混凝土连续梁桥病害的普遍性与严重性

现浇混凝土连续梁桥在使用过程中,由于受到环境、荷载、材料老化等多种因素的影响,常常会出现各种病害。这些病害不仅影响了桥梁的正常使用功能,还可能引发严重的安全事故。以下是几种常见的病害及其危害。

(1)梁体裂缝:梁体裂缝是现浇混凝土连续梁桥最常见的病害之一。裂缝的出现不仅影响了桥梁的美观,还可能破坏桥梁结构的整体性,导致桥梁刚度下降,严重时甚至会引发桥梁的坍塌。例如,2020年广深高速公路某桥梁因梁体裂缝扩展导致桥梁局部下沉,造成了严重的交通中断和经济损失。

(2)梁体倾覆:早期桥梁设计规范无梁体抗倾覆设计相关要求,高速公路桥梁设计中采用了大量的独柱墩,当出现车辆严重超载且偏载行驶时,独柱墩桥梁极易发生倾覆,造成严重后果。例如,2019年无锡某高架桥侧翻事故,造成了3人死亡、2人受伤,事故原因与桥梁独柱墩设计缺陷和超载车辆的直接作用密切相关。这一事件暴露了现浇混凝土连续梁桥在设计和运营中的潜在问题,也凸显了对桥梁病害进行及时检测、维修和加固的必要性。

(3)支座病害:支座是桥梁结构中的重要组成部分,其作用是传递荷载并允许桥梁在温度变化、混凝土收缩等因素作用下产生一定的位移。然而,支座在使用过程中常常会出现老化、变形、开裂等病害,导致桥梁的受力状态发生变化,严重时可能引发桥梁的失稳。例如,2021年沪杭高速公路某桥梁因支座老化失效导致桥梁局部下沉,导致交通严重拥堵,同时产生安全隐患。

(4)附属设施病害:附属设施包括桥面铺装层、伸缩装置、混凝土护栏、排水设施等。

这些设施在使用过程中常常会出现破坏、老化等问题,影响了桥梁的正常使用功能。例如,2022年宁沪高速公路某桥梁因桥面铺装层破坏导致车辆打滑,引发了多起交通事故,造成了严重的人员伤亡和财产损失。

1.3 维修加固技术的必要性与挑战

面对现浇混凝土连续梁桥在使用过程中出现的各种病害,维修加固技术的研究和应用显得尤为重要。维修加固不仅可以恢复桥梁的正常使用功能,还可以提高桥梁的承载能力和耐久性,延长桥梁的使用寿命。然而,维修加固技术的应用也面临着诸多挑战。

(1)技术复杂性:现浇混凝土连续梁桥的结构复杂,病害种类繁多,不同的病害需要采用不同的维修加固技术。例如,梁体裂缝的处治需要根据裂缝的类型、宽度、深度等因素选择合适的修补材料和方法;支座病害的处治需要根据支座的类型、损坏程度等因素选择合适的更换或加固方案。

(2)施工难度大:维修加固施工通常需要在桥梁正常运营的情况下进行,施工环境复杂,施工难度大。例如,在广深高速公路某桥梁上进行维修加固施工,需要考虑到交通流量的影响,采取有效的交通组织和安全防护措施,确保施工安全和交通畅通。

(3)经济成本高:维修加固工程通常需要投入大量的人力、物力和财力,经济成本高。例如,广深高速公路某现浇混凝土连续梁桥的维修加固工程,仅材料费用就高达数千万元,加上施工费用、交通组织费用等,总成本更是高达数亿元。

1.4 结论

现浇混凝土连续梁桥在使用过程中出现的各种病害,不仅影响了桥梁的正常使用功能,还可能引发严重的安全事故。因此,对现浇混凝土连续梁桥的病害进行深入分析,并研究有效的维修加固技术,对于保障桥梁的安全运营、延长桥梁的使用寿命、减少事故发生的风险具有重要的现实意义。

2 现浇混凝土连续梁桥典型病害分析

高速公路现浇混凝土连续梁桥一般包含预应力和非预应力结构,非预应力结构多用于互通式立交匝道小半径曲线桥梁。本书按预应力和非预应力结构对现浇混凝土连续箱梁病害类型、成因及维修加固方案进行分别阐述。

2.1 梁体裂缝

预应力现浇混凝土连续梁桥按截面形式划分,分为变截面连续箱梁桥和等截面连续箱梁桥。不同截面形式的连续梁有以下不同点:

(1)适用情况:一般情况下,跨径大于45m的连续梁采用变截面箱梁,跨径小于45m的连续梁采用等截面箱梁。

(2)施工方法:变截面连续箱梁一般采用悬臂浇筑施工,等截面连续箱梁常采用支架浇筑施工。

(3)典型裂缝病害:不同的施工方法其内力形成不同,典型裂缝病害也不尽相同。

2.1.1 梁体裂缝的分类

实践表明:混凝土结构的任何损伤与破坏,一般表现都是首先出现裂缝。裂缝的本质是实际拉应变超过了混凝土极限拉应变,引起裂缝的原因复杂而繁多,大致可归纳为两大类:

(1)结构性裂缝:由荷载引起的裂缝,称为结构性裂缝(又称受力裂缝),其分布及宽度与荷载有关。这种裂缝的出现,说明结构承载力可能不足或存在其他严重问题。

结构性裂缝主要表现为弯曲裂缝、弯剪裂缝、扭转裂缝、锚下劈裂裂缝等形态。弯曲裂缝由弯曲应力过大导致,弯剪裂缝是由弯曲应力与剪应力共同形成。

(2)非结构性裂缝:由变形引起的裂缝,称为非结构性裂缝,如温度变化、混凝土收缩、地基不均匀沉降等因素引起的变形。非结构性裂缝一般与结构构造不当、混凝土材料质量不佳、施工养护条件不当、施工工艺质量存在缺陷、环境温度变化等因素有关。该类裂缝的影响因素主要有材料因素、施工因素、环境因素三大类,当影响因素引起的变形受到限制时,将在结构内部产生自应力,自应力达到混凝土抗拉强度极限值时,就会引起混凝土裂缝。裂缝一旦出现,变形得到释放,自应力随即消失,此后裂缝的发展一般比较缓慢。现浇混凝土连续梁桥的非结构性裂缝主要表现为温度裂缝、收缩裂缝、钢筋锈胀等耐久性损伤裂缝等。

两类裂缝有明显的区别,危害效果也不相同。调查资料表明,在两类裂缝中以变形引起的非结构性裂缝占主导的约占80%,以荷载引起的结构性裂缝占主导的约占20%,有时两类裂缝融合在一起。对裂缝原因的分析是进行裂缝危害性评定、裂缝修补和加固的依据,若不经分析研究就盲目对裂缝进行处理,不仅达不到预期的效果,还可能发生突发性事故,因此有必要对连续箱梁裂缝的表征、特点及原因进行具体分析。

2.1.2 预应力现浇混凝土变截面连续箱梁

预应力现浇混凝土变截面连续箱梁一般采用悬臂浇筑施工,不同时期建设的桥梁其配筋形式各不相同,问题较多的是20世纪90年代中期至21世纪初叶修建的桥梁,由于这期间设计、施工以及运营管理等方面存在不足和缺陷,导致了大量病害的产生。病害总结起来主要分为梁体下挠和开裂,事实上,梁体下挠和梁体开裂总是伴随产生,并且相互耦合。下面就预应力现浇混凝土变截面连续箱梁的常见开裂病害进行分析。

2.1.2.1 底板横向裂缝

1)结构性裂缝

(1)病害特征。

变截面连续箱梁底板存在横缝,多分布于跨中附近(图2-1),底板横缝多与腹板竖缝相连,并呈U形,有的横缝贯穿整个底板。相邻横缝的间距多为底板最外侧钢筋间距的整数倍。

图2-1 跨中附近底板横缝

(2)病害成因。

此类裂缝为结构性裂缝中的弯曲裂缝,图2-2为跨中梁底正弯矩裂缝和中支点梁顶负弯距裂缝,由弯曲应力超过混凝土抗拉限值导致,其产生的原因主要有:

①设计配筋不足,纵向预应力度达不到设计标准,梁体下挠过大;
②收缩徐变等造成预应力损失,导致有效预应力减少;
③施工时混凝土超方,导致内力大于设计值;
④实际运营荷载超出原设计荷载,导致抗弯承载力不足。

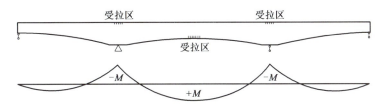

图 2-2　跨中梁底正弯矩裂缝和中支点梁顶负弯矩裂缝

注：M 为弯矩。

(3) 病害调查重点。

①相邻横缝间距是不是底板横向钢筋间距的整数倍；

②原设计与实际通行荷载的匹配性；

③箱梁纵向预应力筋的有效预应力；

④腹板竖缝是否位于竖向钢筋的正外侧，是否呈现"下宽上窄"的形态；

⑤量测桥梁纵向线形，比对竣工时的线形，分析计算出跨中下挠值；

⑥底板横缝数量、长度、宽度、深度及其发展历史。

(4) 维修加固策略。

结构性裂缝是抗弯承载能力不足和梁体刚度削弱的重要表现，需根据承载能力计算结果和裂缝开展情况，及时进行补强加固。常用维修加固方法：粘贴钢板法、粘贴碳纤维布法、施加体外预应力法、墩顶纵向增设钢支撑等。

2) 非结构性裂缝

(1) 病害特征。

变截面连续箱梁存在底板横缝，横缝分布位置随机，底板横缝多止于腹板底部，底板表面有明显的凹凸，相邻横缝间距多为底板最外侧钢筋间距的整数倍(图 2-3)。

图 2-3　相邻横缝间距多为最外侧钢筋间距的整数倍

(2)病害成因。

①对于底板横缝处有凹凸不平的情况。

多是底板混凝土强度较低时遭受模板或钢筋扰动所致,此类裂缝在施工期即已产生,一般需经修补后方可交付使用。但由于部分施工单位修补质量差,导致修补处易损坏,裂缝重新暴露出来,此类裂缝可归为耐久性损伤裂缝。

②对于相邻横缝间距较小且为底板最外侧钢筋间距的整数倍的情况。

多是底板横向钢筋混凝土保护层厚度不足所致,混凝土保护层厚度不足时,钢筋容易产生锈蚀,由于锈皮会吸湿产生化学反应而膨胀,其体积将增大2~4倍,从而胀裂混凝土保护层,甚至造成混凝土剥落,此类裂缝属耐久性损伤裂缝。

(3)病害调查重点。

①底板横缝在箱梁长度方向上的分布;
②与底板横缝相连的腹板有无竖缝;
③底板横缝处的钢筋保护层厚度是否明显偏小;
④箱梁底模材质、刚度及支撑方式;
⑤底板横缝两侧是否平整无高差;
⑥底板横缝处是否有施工期间的修补痕迹;
⑦底板横缝处钢筋的锈蚀程度。

(4)维修加固策略。

非结构性裂缝对结构的安全并无大的影响,但影响结构耐久性,若不及时处理可能会引起截面有效高度减小、预应力损失等结构性损伤。常用维修加固方法:裂缝采用表面封闭法、灌浆封闭法处理;露筋按混凝土破损修补方法处理。

2.1.2.2 底板纵向裂缝

1)病害特征

箱梁底板存在纵缝,一般集中在跨中合龙段附近,裂缝多连续且较长(图2-4),大多位于预应力孔道下方,部分底板上、下层混凝土分离拉裂。

2)病害成因

结合底板的结构受力分析,此类裂缝主要是由于底板钢束沿梁底曲线布置,其对底板必然产生一个曲线径向力,当这个力过大时,就可能产生纵向裂缝;另一方面,当钢束出现转折时,对底板有应力集中的不利影响;因此可认定为结构性受力裂缝。具体成因如下:

(1)未设置足够的抵抗径向力的闭合箍筋,导致底板层间防崩钢筋应力超限;
(2)底板尺寸较小或未设置横向预应力,导致底板横向挠曲过大;
(3)施加过大的纵向预应力或钢束混凝土保护层不足,导致横向拉应变过大;
(4)钢束定位成折线形或存在合龙高差,造成钢束应力集中。

图 2-4 节段箱梁纵向裂缝

3）病害调查重点

（1）底板纵缝与预应力孔道位置的对应关系；

（2）底板纵缝正上方混凝土有无明显空洞；

（3）底板纵缝数量、宽度、长度及其发展历史；

（4）合龙段是否存在高差。

4）维修加固策略

针对此类病害，除对裂缝进行封闭处治外，还应结合底板横向计算，从恢复和加强底板横向刚度、控制裂缝发展、阻止预应力钢束产生的下崩力在底板重分布的角度考虑。具体方法有底部粘贴横向钢板、底部张拉横向预应力碳纤维板等。

2.1.2.3 腹板竖向裂缝

1）结构性裂缝

（1）病害特征。

腹板竖缝一般集中在跨中附近，多与底板横缝相连（图 2-5），有的呈竖直状，有的呈小角度倾斜，相连的底板横缝较长，甚至贯通整个底板。

（2）病害成因。

跨中腹板竖向裂缝是较常见的结构性裂缝，主要成因是变截面连续箱梁跨中产生下挠而导致箱梁下缘受拉，裂缝从底板逐渐开展到腹板。

（3）病害调查重点。

①腹板竖缝在箱梁长度方向上的分布规律；

②与腹板竖缝相连的底板横缝是否贯穿整个底板范围；

③腹板竖缝是否下宽上窄；

④同一横断面的多个腹板是否均存在类似竖缝;
⑤腹板竖缝数量、长度、宽度及其发展历史。

图 2-5　腹板竖缝与底板横缝相连

(4)维修加固策略。

此类竖向裂缝的加固策略与底板横向裂缝相同,常用加固方法有粘贴钢板法、粘贴碳纤维布法、施加体外预应力法等。

2)非结构性裂缝

(1)病害特征。

此类腹板竖缝纵向分布无明显规律,有的竖缝止于腹板某一高度,有的竖缝居腹板中部(图2-6),少数与底板横缝相连,相连的底板横缝多为短横缝或网裂。

图 2-6　腹板竖缝居腹板中部

(2)病害成因。

此类竖向裂缝可归属为耐久性损伤裂缝,具体分为两种:一种为温度裂缝,一种为钢筋锈胀裂缝,温度裂缝类似结构裂缝,钢筋锈胀裂缝多造成混凝土剥落。主要成因有:

①腹板纵向钢筋配置过少,设计时一般按规范要求配置抗扭钢筋,通常采用间距10~20cm、直径12mm的构造钢筋。

②温度应力造成腹板拉应力超限,当阳光辐射在一侧时,受辐射一侧温度升高造成纤维膨胀,带动另一侧伸长,导致另一侧相对低温区的腹板受拉,加之腹板水平纵向抗裂配筋不足,容易形成竖向开裂。

③腹板竖向钢筋保护层厚度过小,钢筋锈蚀,导致沿钢筋走向开裂。

(3)病害调查重点。

①腹板竖缝在箱梁长度方向上的分布规律;

②腹板竖缝是否在同一腹板的内外侧对应存在;

③腹板相邻竖缝的间距与腹板竖向钢筋间距的关系;

④与腹板竖缝相连的底板横缝长度;

⑤小铁锤敲击裂缝后是否有空鼓声;

⑥腹板竖缝位置是否与竖向钢筋位置对应;

⑦腹板竖缝处钢筋保护层厚度是否明显偏小;

⑧腹板竖缝长度、数量、宽度及其发展历史。

(4)维修加固策略。

此类竖向裂缝对结构安全影响较小,一般封闭裂缝或破损修复后连续观测即可。

2.1.2.4 腹板斜向裂缝

1)病害特征

腹板斜向裂缝主要分布在中跨距支座 $L/4$(L 为跨径)和边跨梁端附近区域,中跨距支座 $L/4$ 附近的腹板斜裂缝一般与梁轴线呈 45°,裂缝延伸至顶、底板时约呈水平方向,对称于跨中分布;边跨梁端附近腹板斜裂缝一般与梁轴线呈 30°~50°,裂缝延伸至顶、底板时也约呈水平方向,分布较密,裂缝宽度较大。部分斜裂缝可跨越相邻节段的施工接缝(图2-7),一般腹板内侧开裂程度比外侧严重(图2-8)。

2)病害成因

斜向开裂表明腹板抗剪能力弱,属于结构性剪切裂缝(图2-9)。经统计分析,腹板斜裂缝均属于结构性裂缝,部分腹板斜裂缝宽度远远超过养护规范要求。根据检查、检测结果及结构验算,初步推断裂缝形成的可能原因有以下几点:

(1)20世纪90年代建设的部分连续梁桥,腹板设计厚度偏小,同时箍筋配置过少,有些未设置抗剪的弯起预应力钢束,普通钢筋配置过少,导致抗剪能力不足。

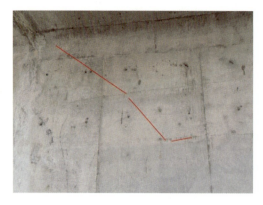

图 2-7 腹板斜缝跨节段接缝发展

图 2-8 箱梁内腹板斜向裂缝

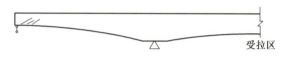

图 2-9 结构性剪切裂缝

（2）腹板承受过大的主拉应力，竖向预应力不足。其中竖向预应力不足可能与自身施工工艺不成熟、张拉效果不理想以及竖向预应力自身损失比较大有关。而竖向预应力在设计抗剪计算中占有较大比重，设计时一般通过竖向预应力控制腹板主拉应力的大小，所以一旦竖向预应力未达到设计要求，将会使腹板主拉应力增大，最终导致腹板沿主拉应力方向斜向开裂。腹板开裂后，开裂截面将成为受力的薄弱截面，在活载反复作用下，裂缝宽度和长度将会进一步扩展和延伸。

（3）中墩沉降引起端部附加剪力，造成剪切开裂（图 2-10）。

图 2-10 沉降引起的附加剪力

（4）弯剪区的弯曲裂缝延伸到腹板形成弯剪斜裂缝。

（5）在气温变化明显、昼夜温差大的地区，相对厚度较薄的翼缘板随外界气温变化幅度较大，腹板受拉压应力反复作用，容易出现斜裂缝。

3）病害调查重点

（1）存在腹板斜缝的节段在箱梁长度方向上的分布；

（2）腹板斜缝的数量、长度、宽度及其发展历史；

（3）腹板竖向和纵向预应力有无明显失效；

（4）该桥的交通荷载组成及有无重载通行的历史。

4）维修加固策略

根据设计图和竣工图进行结构建模验算，验算时应按实际情况模拟竖向预应力，同时既要进行应力验算，也要进行抗剪承载能力验算。

根据验算结果进行加固设计：

（1）当抗剪承载能力验算满足规范要求，但应力验算不满足规范要求时，建议采用粘贴斜向钢板或施加体外预应力加固。

（2）当抗剪承载能力验算不满足规范要求时，建议采用增大腹板截面加固，必要时增设体外预应力。

（3）当由于沉降引起主梁剪切开裂时，应监控基础沉降情况，如果基础沉降不稳定，且发展迅速，应同时对基础进行加固。

2.1.2.5 顶板纵向裂缝

1）结构性裂缝

（1）病害特征。

此种裂缝纵向多分布在跨中区段和近支座区段，横向多分布在顶板宽度中部附近（图2-11）；顶板下表面部分纵向裂缝延伸较长，可跨越多个工作节段。

图2-11 顶板底面纵向裂缝

（2）病害成因。

此种裂缝为结构性裂缝，主要成因：顶板横向跨度大（两腹板中线间距离大），顶板跨中横向正弯矩较大，当横向配筋不足或顶板尺寸偏小时，导致纵向开裂。

（3）病害调查重点。

①纵缝在顶板宽度方向上的分布，是否在宽度中部居多；

②纵缝在顶板长度方向上的分布，是否跨越多个施工节段；

③顶板纵缝与顶板纵向钢筋位置的对应关系；

④顶板纵缝有无伴随渗水或渗水印迹；

⑤顶板纵缝表面两侧是否平整；

⑥表面封缝胶是否有沿纵缝再次开裂情况。

(4)维修加固策略。

当裂缝宽度不超限时,封闭裂缝即可;当裂缝宽度超限时,应进行车轮作用下的顶板横向受力分析,当顶板承载能力不够时,可采用横向粘贴钢板等方法进行补强加固。

2)非结构性裂缝

(1)病害特征。

裂缝分布在顶板底面靠近腹板区域,多条近乎平行分布(图2-12),长度较短且不连续,有的伴随渗水印迹并在施工期就已经发生(图2-13)。

图2-12 靠近腹板区域的顶板纵向裂缝

图2-13 腹板纵向裂缝伴随渗水

(2)病害成因。

此种裂缝一般是由局部应力引起,可认定为非结构性裂缝。具体成因:温差或收缩引起的局部应力,顶、底板齿板受力,预应力筋锚头处局部受力,截面分层处和施工接缝处的局部应力等。

(3)病害调查重点。

①顶板纵缝呈连续状还是断续状;

②顶板纵缝是否跨越多个施工节段;

③顶板纵缝数量、长度、宽度及其发展历史;

④箱梁顶板底模形式、刚度及支撑方式。

(4)维修加固策略。

此类顶板纵向裂缝,一般对结构安全影响较小,建议根据裂缝宽度采用裂缝封闭处治,后期加强检查。

2.1.2.6 顶板横向裂缝

1)病害特征

裂缝主要沿箱梁顶板的横向方向延伸,与箱梁纵向轴线垂直或接近垂直,如图2-14所示。裂缝的宽度和长度可能因具体情况而异,但通常表现为较宽或较长的裂缝,与微裂缝或网状裂缝相比更为明显。

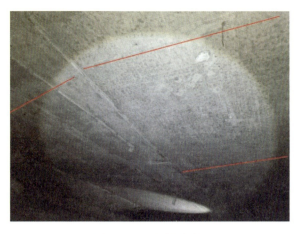

图 2-14　顶板横向裂缝

2）病害成因

设计因素：顶板钢筋保护层厚度较薄，可能导致钢筋对混凝土的约束作用减弱，从而在受力时产生裂缝。此外，现浇预应力箱梁混凝土的强度等级较高，且腹板较厚，混凝土施工时内外温差较大，也易产生温度裂缝。

施工因素：混凝土质量不佳、振捣不充分、浇筑顺序不合理、预应力管道施工放样不准确等都可能导致顶板横向裂缝的产生。

使用因素：在桥梁使用过程中，车辆超载、温度与湿度变化等因素也可能对顶板产生不利影响，导致裂缝的扩展或新裂缝的产生。

3）病害调查重点

（1）裂缝形态：详细记录裂缝的走向、宽度、长度以及是否贯穿等特征。横向裂缝通常沿顶板横向方向延伸，与箱梁纵向轴线垂直或接近垂直。注意观察裂缝是否呈现规则性，如平行状、网状或放射状等。

（2）裂缝分布：确定裂缝在顶板上的具体位置，包括是否集中在顶板中心线附近、与腹板或翼缘板的交界区域等。记录裂缝的分布范围、密度和间距，以便分析裂缝的成因和发展趋势。

4）维修加固策略

（1）对于表面细小的横向裂缝，可以采用表面处理的方法。首先清理裂缝表面的灰尘和杂物，然后使用修补材料（如聚合物修补材料、环氧复合修补材料等）进行填充和封闭。这种方法可以阻止裂缝进一步扩展，并恢复顶板的外观和耐久性。

（2）对于较深或较宽的横向裂缝，可以采用注浆处理的方法。首先清理裂缝表面和内部，然后注入适量的注浆材料（如硅酸钠、硅酸镁等）。注浆材料应具有良好的流动性和黏结性，能够充分填充裂缝并与周围混凝土紧密结合。注浆处理可以有效地提高裂缝的密封性和结构的整体性。

2.1.2.7 端横梁(横隔板)裂缝

1)病害特征

端横梁(横隔板)裂缝分为竖向裂缝(图2-15)、横向裂缝(图2-16)、斜向裂缝和过人孔周边的辐射状裂缝,辐射状裂缝主要分布在过人孔周边,过人孔上方和过人孔腹板之间易出现竖向裂缝。裂缝数量较多,宽度不大,一般横隔板中间多、两边少;裂缝起点一般从过人孔开始延伸,有些竖向裂缝延伸至顶板后继续沿顺桥向延伸。

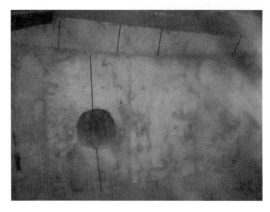

图2-15 端横梁竖向裂缝　　　　图2-16 端横梁横向裂缝

2)病害成因

端横梁(横隔板)普遍出现裂缝主要是因为其局部拉应力超过了混凝土抗拉强度,可认定为非结构性裂缝,具体成因如下:

(1)人孔的存在会导致端横梁(横隔板)在桥梁使用过程中出现应力集中;

(2)端横梁(横隔板)在荷载作用下,经过长期反复作用变形,横隔板容易出现竖向裂缝;

(3)墩顶横隔板厚度较薄,设计刚度不足,容易出现裂缝。

3)病害调查重点

(1)端横梁(横隔板)竖缝是否延伸至底板;

(2)人孔处是否有混凝土破损;

(3)端横梁(横隔板)裂缝数量、长度、宽度及其发展历史。

4)维修加固策略

端横梁(横隔板)裂缝一般对结构安全性影响不大,但裂缝的扩展可能导致截面刚度下降、挠度增大,进一步导致结构受力更加不合理,故建议及时进行封闭处治并加强检查。

2.1.2.8 翼缘板纵向裂缝

1)病害特征

箱梁翼缘板纵缝多发生于翼缘板根部(图2-17),有的是多条纵缝近乎平行分布,多伴随渗水印迹,有的还持续渗水。

图 2-17 翼缘板根部纵向裂缝

2)病害成因

(1)设计因素。

翼缘板尺寸与受力设计不合理:在设计中,如果翼缘板的厚度、尺寸以及受力条件等考虑不充分或不合理,可能导致翼缘板在实际使用过程中强度不足或挠度过大,从而引发纵向裂缝,例如,翼缘板厚度过薄,可能无法承受预期的荷载和应力变化;配筋设计不足:配筋设计是确保结构强度和稳定性的关键因素,如果翼缘板的配筋设计不足,即钢筋的数量、直径、间距等不符合规范要求,翼缘板将难以有效抵抗外部荷载和温度变化引起的应力变化,进而产生纵向裂缝。

(2)施工因素。

混凝土浇筑与振捣不均匀:在施工过程中,如果混凝土浇筑不均匀或振捣不充分,会导致混凝土内部存在空隙和气泡,从而降低混凝土的密实度和强度,这些缺陷在荷载作用下容易发展成为纵向裂缝。模板支撑不稳:模板支撑的稳定性对于混凝土构件的成型质量至关重要,如果模板支撑不稳固或发生变形,会导致混凝土在浇筑和硬化过程中受到不均匀的侧压力和变形力,进而产生纵向裂缝。施工缝处理不当:在分段浇筑的箱梁中,施工缝的处理是防止裂缝产生的重要环节,如果施工缝处理不当,如未清理干净、未充分湿润或未设置适当的连接钢筋等,会导致新旧混凝土之间黏结不牢,形成纵向裂缝。

(3)材料因素。

混凝土质量问题:混凝土的质量直接影响其强度和耐久性,如果混凝土原材料质量不合格、配合比不当或搅拌不均匀等,会导致混凝土强度不足、干缩性大等问题,进而引发纵向裂缝。钢筋质量问题:钢筋是混凝土结构中的重要受力构件,如果钢筋存在质量问题,如弯曲损伤、锈蚀严重或直径不符合要求等,将影响其与混凝土的黏结力和共同工作能力,导致纵向裂缝的产生。

(4)环境因素。

温度变化:温度变化是引起混凝土裂缝的重要因素之一,在温度变化较大的环境下,混凝土会产生热胀冷缩现象,如果翼缘板受到的温度应力超过其抗拉强度或变形能力时,就会产生纵向裂缝。湿度变化:湿度变化也会影响混凝土的体积稳定性和强度,在湿度变化较大的环境下,混凝土容易发生干缩或湿胀现象,如果翼缘板受到的湿度应力超过其承受能力时,也可能产生纵向裂缝。

3)病害调查重点

(1)同一施工节段的翼缘板是否都存在该类纵缝;

(2)存在翼缘板纵缝的施工节段在箱梁长度上的分布;

(3)翼缘板纵缝在跨越相邻节段的施工缝处是否连续;

(4)翼缘板底面的模板形式、刚度及支撑方式;

(5)翼缘板纵缝的数量、长度和宽度及其发展历史;

(6)在翼缘板纵缝处取芯,以了解混凝土裂缝发生的大致龄期;

(7)翼缘板纵缝区域正上方的沥青铺装有无明显纵缝等病害;

(8)箱梁挂篮的刚度及混凝土浇筑的对称与否。

4)维修加固策略

(1)裂缝修补:对于宽度较小、深度较浅的裂缝,可以采用表面封闭法或注浆修补法进行修补。表面封闭法是在裂缝表面涂刷防水涂料或粘贴碳纤维布等材料进行封闭;注浆修补法则是在裂缝中注入修补材料(如环氧树脂等)进行填充和加固。

(2)加固处理:如果裂缝宽度较大、深度较深或裂缝扩展趋势明显,则需要采取加固处理措施。加固处理的方法包括增加钢筋数量、增设钢板或型钢等。通过加固处理,翼缘板的承载能力和抗裂性能可以得到提高。

(3)加强养护和监测:桥梁在使用过程中应加强养护和监测工作。定期对桥梁进行检查和维修,及时发现并处理裂缝等病害;同时加强对桥梁的监测工作,掌握桥梁的运营状态和裂缝的发展情况,为后续的维修和加固工作提供依据。

2.1.2.9 翼缘板横向裂缝

1)病害特征

(1)横向发展:裂缝主要沿翼缘板的横向(即与桥梁纵向垂直的方向)发展,形成一条或多条横向裂缝,如图2-18所示。

(2)裂缝宽度与深度:裂缝的宽度和深度可能因具体情况而异,但一般宽度相对较窄。深度则取决于裂缝产生的原因和混凝土的强度等因素,一般较浅的裂缝可能仅影响混凝土表层,而较深的裂缝可能贯穿整个翼缘板截面。

图 2-18 翼缘板横向裂缝

2）病害成因

（1）混凝土收缩：混凝土在硬化过程中会产生收缩变形，如果翼缘板的设计或施工不当，如未设置足够的横向预应力筋或预应力筋损失过大等，就容易导致混凝土收缩裂缝的产生。

（2）温差应力：温度变化也会引起混凝土的收缩和膨胀，从而在翼缘板中产生温差应力。如果温差应力估计不足或混凝土品质差、养护不到位等，都可能导致横向裂缝的出现。

（3）设计与施工因素：设计阶段的顶板钢筋安装位置偏差大、保护层厚度偏大等问题，以及施工过程中的混凝土浇筑不均匀、振捣不充分、模板支撑不稳或拆模过早等因素，都可能导致翼缘板横向裂缝的产生。

3）病害调查重点

（1）详细记录裂缝的走向、形状（如直线形、弧形等），以及是否有分叉或扩展的迹象。

（2）测量裂缝的宽度、长度和深度，可以使用裂缝测量仪等专业工具进行精确测量。

（3）确定裂缝在翼缘板上的具体位置，包括是否靠近墩顶、跨中或其他关键部位。

（4）观察裂缝是否呈现规律性分布，如是否沿某一特定方向或区域集中出现。

4）维修加固策略

（1）对于宽度较小、深度较浅的裂缝，可以采用表面封闭法进行修补。具体做法是在裂缝表面涂刷防水涂料或粘贴碳纤维布等材料，以封闭裂缝并防止水分和有害物质侵入。适用情况：裂缝宽度＜0.15mm，深度较浅。

（2）对于宽度较大、深度较深的裂缝，建议采用注浆修补法。具体做法是在裂缝中注入修补材料（如环氧树脂等），以填充裂缝并恢复结构的完整性和承载能力。适用情况：裂缝宽度≥0.15mm，深度较深。

（3）如果裂缝产生的主要原因是配筋不足，可以在裂缝处增加纵向钢筋或横向钢筋，以提高翼缘板的承载能力和抗裂性能。

（4）对于裂缝严重且影响结构安全性的情况，可以考虑在裂缝处增设钢板或型钢进行加固处理。通过焊接或螺栓连接等方式将钢板或型钢与翼缘板牢固连接，以提高结构的整体稳定性和承载能力。

2.1.3 预应力现浇混凝土等截面连续箱梁

预应力现浇混凝土等截面连续箱梁应用较为广泛，是一些高速公路跨线桥和匝道桥常采用的结构形式，一般采用满堂支架法施工。近些年曲线连续箱梁桥病害问题较多，主要是曲线梁存在弯扭剪组合受力，受力情况复杂，设计时难以考虑周全。下面就预应力现浇混凝土等截面连续箱梁的常见裂缝进行分析。

2.1.3.1 底板横向裂缝

1）结构性裂缝

（1）病害特征。

箱梁底板存在通长横缝，多分布在跨中附近，底板横缝多与腹板的竖缝相连，有的横缝贯穿整个底板，如图2-19所示。

图2-19 跨中附近底板横向裂缝

（2）病害成因。

①设计配筋不足，纵向预应力度达不到设计标准，梁体下挠过大；

②收缩徐变等造成预应力损失，导致有效预应力减少；

③施工时混凝土超方，导致内力大于设计值；

④实际运营荷载超出原设计荷载，导致抗弯承载力不足。

（3）病害调查重点。

①相邻横缝间距是否为底板横向钢筋间距的整数倍；

②设计的箱梁抗弯承载能力与实际通行荷载的匹配性;

③与底板横缝相连的腹板有无竖缝;

④底板横缝数量、宽度、长度及其发展历史;

⑤箱梁纵向预应力筋的有效预应力;

⑥在与底板横缝相连的腹板竖缝处取芯,以了解箱梁混凝土抗压强度及裂缝产生的大致时间。

(4)维修加固策略。

此类裂缝是抗弯承载能力不足和梁体刚度削弱的重要表现,需根据承载能力计算结果和裂缝开展情况,及时进行补强加固。针对该问题的常用补强方法有粘贴钢板法、粘贴碳纤维布法、施加体外预应力法、墩顶纵向增设钢支撑等。

2)非结构性裂缝

(1)病害特征。

箱梁底板存在断续横向裂缝,数量多,分布规律性不强,有的箱室多,有的箱室少,如图2-20所示。

图2-20 底板存在断续横向裂缝

(2)病害成因。

温度变化:由于环境温度的变化,混凝土会产生热胀冷缩的现象。在箱梁底板的混凝土中,由于温度分布的不均匀,可能导致内部应力集中,进而产生非结构性裂缝。

湿度变化:混凝土在硬化过程中,内部湿度会发生变化。如果湿度变化过大或过快,可能导致混凝土体积发生变化,从而产生裂缝。

混凝土收缩:混凝土在硬化过程中会产生收缩变形,如果收缩变形受到约束或限制,可能会导致混凝土内部应力集中,进而产生裂缝。

施工质量问题:如果箱梁底板的施工质量存在问题,如混凝土搅拌不均匀、振捣不到位、养护不当等,都可能导致混凝土内部存在缺陷,进而产生非结构性裂缝。

(3)病害调查重点。

①底板横缝密集区域的横向钢筋保护层厚度是否明显偏小;

②底板横缝区域钢筋锈蚀程度;

③底板横缝两侧是否平整无高差;

④底板横缝表面的封缝胶有无沿裂缝再次开裂;

⑤底板横缝数量、宽度、长度及其发展历史;

⑥连续浇筑的箱梁混凝土用量、浇筑时天气情况及浇筑耗时;

⑦底板底模材质、刚度、支撑方式及地基承载力。

(4)维修加固策略。

此类裂缝对结构的安全并无大的影响,但会影响结构耐久性,若不及时处理可能会引起截面有效高度减小、预应力损失等结构性损伤。常用维修加固方法:裂缝采用表面封闭法、灌浆封闭法处理,露筋按混凝土破损修补方法处理。

2.1.3.2 底板纵向裂缝

1)病害特征

(1)裂缝位置:纵向裂缝通常分布在底板底面中间区域,沿横断面方向呈现跨中密、粗而长的特点,而在两侧则相对较疏、细而短,如图2-21所示。裂缝的分布往往与预应力钢束的位置相对应,特别是在预应力束所在位置附近容易出现纵向裂缝。

图2-21 底板纵向裂缝

(2)裂缝形态:裂缝表现为纵向通长或断续通长,沿着预应力钢筋(束)的方向延伸。裂缝宽度和长度可能因裂缝产生的原因和程度而有所不同,部分裂缝可能贯穿箱梁底板。

2)病害成因

(1)结构性裂缝:箱梁在承受行车荷载时,底板会产生应力。车辆经过后荷载消失,底板恢复原状,反复加载导致底板疲劳开裂。如果施工期间底模支架不够牢固或支架地基的压实度不够、承受力弱,加上受到荷载作用的影响,会使桥梁发生沉降,导致底模出现不同程度的变形,从而在内部形成次应力,引起混凝土开裂。

(2)非结构性裂缝:

①温差:梁体温度的变化会引起箱梁底板的膨胀和收缩,从而产生应力。在不受荷载作用时,温差引起的应力高于随时间慢慢提高的混凝土的强度时,就会引起裂缝,主要出现在底板的下部。

②养护:气候干燥或保湿、保温措施不到位时,也可能导致裂缝的出现。

③设计因素:如没有采取横向预应力措施或底板横向宽度过大,会造成横向刚度不足而引起下挠,下挠值达到一定程度就会引起底板产生纵向裂缝。

④施工因素:包括混凝土的浇筑顺序、支架变形、混凝土温度、收缩以及浇筑后的养护、环境等因素。

3)病害调查重点

(1)底板纵缝与预应力孔道位置的对应关系;

(2)底板预应力孔道的材质是金属还是塑料;

(3)预应力孔道压浆完成至今出现极端低温及日平均气温低于 −5℃ 的累计天数;

(4)底板纵缝数量、宽度、长度及其发展历史;

(5)预应力孔道压浆完成后前 7 日的气温;

(6)在底板纵缝处开孔,查看孔道内浆体的情况。

4)维修加固策略

(1)加强箱梁底板支撑:减少底板的挠度变形,降低箱梁底板的应力,从而减少底板纵向裂缝的产生。

(2)加强箱梁维护:及时对箱梁进行维护和保养,对已经存在的底板纵向裂缝进行修补,防止裂缝进一步扩大。

(3)表面修补和注浆修补:对于已经产生的裂缝,可以采用表面修补或注浆修补的方法进行处理,以防止裂缝进一步扩大或渗水。

(4)增设缆索:在严重裂缝的箱梁上,可以采用增设缆索的方法进行修补,以增强箱梁的抗弯能力,防止裂缝进一步扩展。

2.1.3.3 腹板竖向裂缝

1)结构性裂缝

(1)病害特征。

箱梁腹板裂缝呈竖向发展,从底板逐渐开展到腹板。裂缝可能呈现为单条或多条,部分裂缝可能贯穿整个腹板截面。

（2）病害成因。

跨中腹板竖向裂缝是较常见的结构性裂缝,如图2-22所示,主要成因是连续箱梁跨中产生下挠而导致箱梁下缘受拉,裂缝从底板逐渐开展到腹板。

图2-22 腹板竖向裂缝

（3）病害调查重点。

①腹板竖缝在箱梁长度方向上的分布;

②腹板竖缝表面宽度在腹板高度方向上有无规律;

③腹板底部竖缝两侧的表面浆体有无明显缺失;

④与腹板竖缝相连的底板横缝两侧的表面浆体有无明显缺失;

⑤与腹板竖缝同一横断面的翼缘板有无横缝;

⑥腹板竖缝数量、长度、宽度及其发展历史;

⑦在腹板竖缝处取芯,以了解箱梁混凝土抗压强度及裂缝发生的大致龄期。

（4）维修加固策略。

此类竖向裂缝的加固策略与底板横向裂缝的相同,常用加固方法有粘贴钢板法、粘贴碳纤维布法、施加体外预应力法等。

2）非结构性裂缝

（1）病害特征。

箱梁腹板存在竖缝,有的竖缝居腹板高度的中部,所在断面对应位置少有底板横缝,即使有横缝也不贯穿整个箱梁底板宽度,如图2-23所示。

（2）病害成因。

此类竖向裂缝可归属为耐久性损伤裂缝,具体分为两种:一种为温度裂缝,一种为钢筋锈胀裂缝。温度裂缝类似结构裂缝,钢筋锈胀裂缝多造成混凝土剥落。主要成因有:

①腹板纵向钢筋配置过少,设计时一般按规范要求配置抗扭钢筋,通常采用间距10～20cm、直径12mm的构造钢筋。

②温度应力造成腹板拉应力超限,当阳光辐射在一侧时,受辐射一侧温度升高造成纤维膨胀,带动另一侧伸长,导致另一侧相对低温区的腹板受拉,加之腹板水平纵向抗裂配筋不足,容易形成竖向开裂。

③腹板竖向钢筋保护层厚度过小,钢筋锈蚀,导致沿钢筋走向开裂。

图 2-23　腹板竖向裂缝(相连底板横缝较短)

(3)病害调查重点。

①腹板竖缝在箱梁长度方向上的分布;

②竖缝在同一横断面上多个腹板上的分布;

③腹板竖缝表面宽度在腹板高度方向上有无规律;

④腹板竖缝处是否与腹板竖向钢筋位置对应;

⑤腹板竖缝处钢筋保护层厚度是否明显偏小;

⑥箱梁混凝土逐跨浇筑还是多跨连续浇筑;

⑦箱梁混凝土浇筑期间的气温及风速;

⑧箱梁外模材质、刚度及支撑的刚度;

⑨在腹板竖缝处取芯,以了解裂缝发生的大致龄期。

(4)维修加固策略。

对于箱梁腹板竖向裂缝,应根据裂缝的类型和严重程度采取相应的处理措施。对于非结构性裂缝,如果裂缝宽度较小且未对箱梁的使用性能产生明显影响,可以采取表面修补的方法进行处理。对于结构性裂缝,如果裂缝宽度较大且对箱梁的承载能力和耐久性产生较大影响,则需要采取注浆修补、增设缆索等更为复杂的处理措施。

总之,等截面连续箱梁腹板竖向裂缝是一种常见的桥梁病害,其产生原因复杂多样。在桥梁设计和施工过程中,应充分考虑各种因素,采取合理的措施来预防和减少裂缝的产生。同时,在桥梁使用过程中,应加强对裂缝的监测和评估,及时采取必要的处理措施,确保桥梁的安全和稳定。

2.1.3.4 腹板斜向裂缝

1)病害特征

(1)位置与形态:斜向裂缝主要分布在箱梁腹板的1/8跨与3/4跨之间,通常沿跨中左右两侧对称分布。裂缝与水平面的夹角多为15°~50°,或呈45°分布,具体角度可能因箱梁结构和受力状态的不同而有所变化。裂缝可能呈现为单条或多条,部分裂缝可能贯穿整个腹板截面,如图2-24所示。

图2-24 腹板斜向裂缝

(2)裂缝尺寸:斜向裂缝的长度、宽度和间距可能因裂缝产生的原因和程度而有所不同。一些裂缝可能较长,达到几十厘米甚至更长;宽度可能从几毫米到十几毫米不等;裂缝间距则可能在几十厘米到1米之间。

2)病害成因

腹板最大主拉应力超过混凝土抗拉强度或斜截面抗剪强度不足,这是导致斜向裂缝产生的主要原因;计算模型与结构实际状态相差较大,如温度模式、横向车队布置和纵向双向受力耦合影响等;纵向预应力筋预应力损失较大;弯起钢筋和分布箍筋布置不合理;腹板厚度不足;施工质量问题也可能导致斜向裂缝的产生,如混凝土拆模时间过早,混凝土尚未达到其设计抗拉强度等。

3)病害调查重点

(1)腹板斜缝或纵缝是否位于预应力孔道正外侧;
(2)在渗水区域开孔,以查看预应力孔道中是否积存自由水;
(3)腹板预应力孔道的材质是金属还是塑料;
(4)腹板斜缝或纵缝数量、长度、宽度及其发展历史;
(5)箱梁预应力孔道压浆完成后前7日的气温;

(6)箱梁预应力孔道压浆完成至今出现极端低温及日平均气温低于-5℃的累计天数;

(7)在腹板斜缝处取芯,以了解混凝土开裂的大致龄期和裂缝发展的驱动力。

4)维修加固策略

对于已经产生的斜向裂缝,应及时采取修补措施,以防止裂缝进一步扩展和损害加重。常用的修补方法包括胶接修补法和注浆修补法。

(1)胶接修补法。

清洁裂缝:使用刷子、高压水洗等方法将裂缝处的灰尘、污垢和松散物清理干净。

扩大裂缝:对于较窄的裂缝,使用专用装备将其扩大,以增加修补材料的充填和附着面积。

喷涂胶黏剂:增加裂缝表面的黏附性。

充填修复材料:选用合适的混凝土修复材料,将其充填到裂缝中。

抹平裂缝:使用抹刀将修复材料抹平,使其与周围混凝土表面平齐。

(2)注浆修补法。

钻孔:在裂缝处进行钻孔,以便注入修复材料。

清理钻孔:使用吸尘器等工具将钻孔中的灰尘和碎屑清理干净。

注浆:将修补材料制成浆状,通过注浆机将其注入钻孔中,直至材料从钻孔中溢出。

修整表面:等待注浆材料固化后,使用刮刀或抹刀将修复材料表面修整平整。

预防措施:在箱梁设计和施工过程中,应充分考虑各种因素,采取合理的措施来预防斜向裂缝的产生。例如,合理设计箱梁截面尺寸、加强腹板厚度、优化预应力筋布置等。

加强施工质量控制,确保混凝土质量和施工操作符合规范要求。定期对箱梁进行检查和维护,及时发现和处理潜在的裂缝问题。

2.1.4 普通现浇钢筋混凝土连续箱梁

普通现浇钢筋混凝土连续箱梁上部承重构件病害主要表现为底板横向裂缝、顺主筋方向的纵向裂缝、腹板竖向裂缝、腹板斜裂缝、梁身网状裂纹等。普通现浇钢筋混凝土连续箱梁与预应力现浇混凝土连续箱梁的显著区别是带裂缝工作。

2.1.4.1 底板横向裂缝

1)病害特征

梁底横向裂缝通常表现为在箱梁底部出现的与梁轴线垂直的裂缝。这些裂缝的宽度、长度和深度可能因具体情况而异,但通常会对箱梁的性能和安全性产生一定影响。跨中附近底板横缝如图2-25所示。

图 2-25 跨中附近底板横缝

2)病害成因

普通现浇钢筋混凝土连续梁桥带裂缝工作,裂缝宽度如满足规范要求,则结构可正常工作。裂缝宽度超限主要与以下因素有关:

(1)施工因素:混凝土浇筑过程中振捣不均匀,导致混凝土内部存在空隙和气泡,影响混凝土的密实度和强度。模板支撑不稳固,导致混凝土浇筑过程中模板变形,进而产生裂缝。

(2)设计因素:箱梁截面尺寸设计不合理,导致混凝土在受力时容易产生应力集中,进而产生裂缝。钢筋配置不足或布置不合理,使得混凝土在受力时无法得到足够的钢筋支持,从而产生裂缝。

(3)材料因素:混凝土原材料质量不合格,如水泥强度不足、集料含泥量过高等,导致混凝土强度降低,容易产生裂缝。钢筋锈蚀或质量不达标,导致钢筋与混凝土的黏结力降低,容易产生裂缝。

(4)环境因素:温度变化引起的混凝土收缩和膨胀,以及地基不均匀沉降等因素,都可能导致箱梁产生裂缝。

3)病害调查重点

(1)相邻横缝间距是否为底板横向钢筋间距的整数倍;

(2)基于原设计与实际通行荷载的匹配性;

(3)腹板竖缝是否位于竖向钢筋的正外侧,是否呈现"下宽上窄"的形态;

(4)量测桥梁纵向线形,并与竣工时的线形进行比较,分析计算出跨中下挠值;

(5)底板横缝数量、长度、宽度、深度及其发展历史。

4)维修加固策略

此类裂缝宽度不超限时可进行封闭处理;若裂缝宽度超限则是抗弯承载能力不足和

梁体刚度削弱的重要表现,需根据承载能力计算结果和裂缝开展情况,及时进行补强加固。针对该问题的常用补强方法有粘贴钢板法、粘贴碳纤维布法等。

2.1.4.2 底板纵向裂缝

1）病害特征

裂缝主要沿箱梁梁底纵向延伸,即与箱梁的轴线方向大致平行。裂缝可能呈现直线状,也可能呈现轻微的弯曲或波折状,如图 2-26 所示。裂缝的宽度可能因位置和深度而异,但通常较为均匀,不会出现突然变宽或变窄的情况,纵向裂缝一般较少。

图 2-26　底板纵向裂缝

2）病害成因

（1）设计因素:结构构件配筋不合理,设计中刚度不足,仅按构造配筋,不能满足构件的实际要求,容易出现应力集中,在薄弱处产生受力裂缝。设计结构采用安全储备偏小,不做挠度及裂缝验算。

（2）材料因素:水泥品种选用不当,强度不足,容易在荷载作用下产生结构性裂缝。采用水泥浆的配比不合理,粗集料的用量大,易形成不规则网状裂缝,继而导致混凝土脱落。水泥、集料含有过量的有害物质,如集料含活性 SiO_2,随时间增长,混凝土膨胀,出现裂缝呈龟背纹状。外加剂使用不当,钢筋锈蚀后,体积膨胀产生沿钢筋的纵向裂缝。

（3）施工因素:施工工艺不合理,如振捣不均匀、模板支撑不稳等,可能导致混凝土内部应力分布不均,从而产生裂缝。养护措施不到位,如养护时间不足、养护温度控制不当等,可能导致混凝土早期干缩裂缝。

（4）环境因素:环境温度的剧烈变化可能导致混凝土内部应力增大,从而产生温度裂缝。湿度变化可能导致混凝土内部水分迁移,产生干缩裂缝。

3）病害调查重点

（1）底板纵缝正上方混凝土有无明显空洞;

(2)底板纵缝数量、宽度、长度及其发展历史。

4)维修加固策略

对于宽度较小、深度较浅的裂缝,可以采用表面处理的方法。对于宽度较大、深度较深的裂缝,需要采用压力灌浆的方法。

2.1.4.3 腹板竖向裂缝

1)病害特征

现浇箱梁腹板竖向裂缝通常呈现为竖向延伸的裂缝,如图 2-27 所示,这些裂缝在腹板内外都有可能出现,但一般不位于箱梁同一截面,即裂缝基本不贯通整个腹板厚度。裂缝的长度和宽度可能因不同因素而有所差异,但通常裂缝长度较长,宽度较窄。腹板竖向裂缝在桥梁纵向基本呈现均匀分布的特征,裂缝多发生在腹板的中部或靠近底部的位置。这些裂缝可能会随着时间和荷载的增加而逐渐扩展,对桥梁的结构安全造成威胁。腹板竖向裂缝的宽度通常在 0.1mm 至数毫米之间,具体宽度取决于裂缝产生的原因和程度。裂缝的深度则可能因混凝土的质量、施工工艺等因素而有所不同,但一般深度较浅的裂缝对桥梁结构的影响较小,而深度较深的裂缝则可能导致桥梁承载能力下降。

图 2-27 腹板竖向裂缝

2)病害成因

(1)材料因素:腹板结构通常由混凝土和钢筋构成,如果材料质量存在问题,如混凝土强度不足、钢筋锈蚀等,会影响腹板结构的强度,从而导致竖向裂缝的出现。

(2)施工因素:施工过程中,如果施工人员没有很好地控制混凝土的流动和坍落状态,容易在腹板的制作中出现空隙和缺陷,从而导致腹板出现竖向裂缝。模板拆除过早、模板构造不当、支撑刚度不足、支撑的地基下沉等施工问题,也可能导致腹板竖向裂缝的产生。

(3)设计因素:桥梁荷载设计不合理,钢筋数量不足、钢筋直径不合适等设计缺陷,可能导致腹板在承受荷载时产生过大的应力,进而引发竖向裂缝。车辆和人员的过载会导致桥梁承受更大的荷载,从而影响桥梁的承载能力,这也是导致腹板竖向裂缝的一个重要原因。

(4)环境因素:温度变化可能导致混凝土内部应力增大,从而产生温度裂缝。特别是当环境温度发生剧烈变化时,裂缝产生的风险更高。

3)病害调查重点

(1)腹板竖缝在箱梁长度方向上的分布规律;

(2)与腹板竖缝相连的底板横缝是否贯穿整个底板范围;

(3)腹板竖缝是否下宽上窄;

(4)同一横断面的多个腹板是否均存在类似竖缝;

(5)腹板竖缝数量、长度、宽度及其发展历史。

4)维修加固策略

对于宽度较小、深度较浅的裂缝,可以采用表面处理的方法。对于宽度较大、深度较深的裂缝,需要采用压力灌浆的方法。如果裂缝已经影响到结构的承载能力或稳定性,需在裂缝附近增设钢筋网片或钢筋束,以提高结构的刚度和承载能力。对于裂缝严重、结构整体性能受损的箱梁,可以采用粘贴钢板、外包钢筋混凝土套筒等方法进行加固,以提高结构的整体性能和耐久性。

2.1.4.4 腹板斜向裂缝

1)病害特征

斜向裂缝通常出现在腹板与侧板之间,倾角约在15°~45°之间,如图2-28所示。裂缝可能为有规律地出现于底板、约呈45°的斜裂缝,也可能为沿着预应力管道方向的斜向裂缝。斜向裂缝多出现在跨中两侧,离跨中越远倾斜角越大,反之较小。第一道裂缝多出现在距支座一定距离处(如0.5~1.0m)。裂缝宽度通常在一定范围内(如0.3mm以下),但具体宽度取决于裂缝产生的原因和程度。深度则可能因混凝土质量、施工工艺等因素而有所不同。

图2-28 腹板斜向裂缝

2)病害成因

(1)主拉应力过大:箱梁腹板区域的主拉应力如果超过了该处预应力束和普通钢筋的抗剪及混凝土的抗拉强度,就可能导致斜向抗剪裂缝的出现。

(2)混凝土拆模过早:如果混凝土尚未达到其设计抗拉强度就进行拆模,也可能导致腹板混凝土出现斜向裂缝。

(3)设计不合理:箱梁腹板的设计未充分考虑受力情况和荷载分布的影响,导致腹板的抗剪强度不足。

(4)材料质量不良:使用的混凝土、钢筋等材料质量不达标,可能导致强度不足,从而加速斜向抗剪裂缝的出现。

(5)施工不规范:施工中未按照设计要求进行操作,如混凝土浇筑不均匀、钢筋布置不合理等,也会导致腹板的抗剪强度不足。

3)病害调查重点

(1)腹板斜缝的数量、长度、宽度及其发展历史;

(2)该桥的交通荷载组成及有无重载通行的历史。

4)维修加固策略

根据设计图和竣工图进行结构建模验算,验算时应按实际情况模拟竖向预应力,同时既要进行应力验算,也要进行抗剪承载能力验算。

根据验算结果进行加固设计:

(1)当抗剪承载能力验算满足规范要求,但应力验算不满足规范要求时,建议采用粘贴斜向钢板法进行加固。

(2)当抗剪承载能力验算不满足规范要求时,建议采用增大腹板截面法进行加固,必要时增设体外预应力。

(3)当由于沉降引起主梁剪切开裂时,应监控基础沉降情况,如果基础沉降不稳定,且发展迅速,应同时对基础进行加固。

2.2 支座病害

本书以现浇混凝土连续梁桥常用的盆式橡胶支座为例阐述支座病害。盆式支座存在的主要病害有:钢构件锈蚀、限位未拆除、支座滑移等。在桥台、伸缩缝墩盆式支座安装时,单向滑动支座方向装反,造成桥梁完全不能正常滑移,致使挡块破裂、螺栓剪断;伸缩缝的下渗水导致橡胶支座处于潮湿与干燥的循环环境中,从而导致橡胶老化、外鼓。支座脱空、外鼓、剪切变形等病害会改变结构边界条件,对结构受力及整体性不利,且易带来次生病害。盆式橡胶支座主要病害如下:

（1）支座限位装置未拆除：限位装置的存在可能会限制结构物的正常变形或移动，从而影响其整体性能和安全性，如图2-29所示。

（2）钢构件裂纹和形变、锈蚀：盆式橡胶支座的钢构件中出现肉眼可见的裂纹，以及支座钢板在荷载作用下产生翘曲，在潮湿环境下支座钢板易发生锈蚀，如图2-30所示。

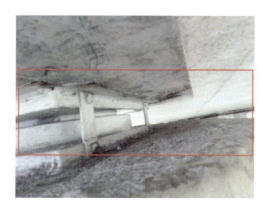 

图2-29　支座限位装置未拆除　　　　　图2-30　支座上钢板形变、锈蚀

（3）聚四氟乙烯滑板磨损：聚四氟乙烯、不锈板和不锈钢板滑板之间平面滑动会造成磨损。磨损度可以通过测量聚乙烯板的外露高度比来确定。

（4）支座位移超限、脱空：设计方案考虑不周及安装施工不当导致支座聚四氟乙烯板滑出不锈钢板板面范围，如图2-31所示。

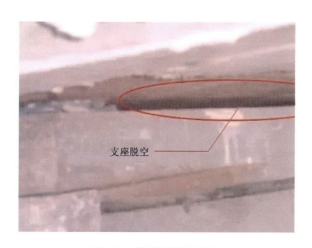

图2-31　支座位移超限、脱空

（5）支座转角超限：设计方案考虑不周及安装施工不当导致支座转角超出相对荷载作用下较大的预期设计转角。

（6）螺栓剪断、缺失：螺栓作为支座的连接部件，如果质量不达标或安装不当，容易发生剪断现象，如图2-32所示。螺栓缺失也是常见病害，如图2-33所示。

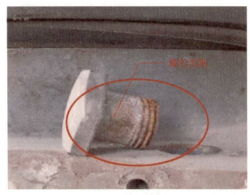

图 2-32　支座螺栓剪断　　　　　　　图 2-33　支座螺栓缺失

（7）老化病害：盆式橡胶支座长期受到外界环境因素（如温度、湿度等）的影响，容易发生老化。老化后，其弹性模量降低，导致支座的刚度下降，从而影响桥梁的承载能力。

（8）开裂病害：盆式橡胶支座长时间承受桥梁承载荷载，容易产生裂纹。开裂后，其强度明显下降，同时会渗漏，从而加速橡胶的老化。

（9）变形病害：长期承受桥梁荷载而发生的变形称为荷载变形，而长期受外部环境因素（如温度）的影响而发生的变形称为非荷载变形。除此之外，设计误差、施工质量等也会导致盆式橡胶支座发生变形。

2.3　附属设施病害

2.3.1　铺装层破坏

1）病害特征

桥面铺装层出现唧浆、坑槽等破坏现象，如图2-34、图2-35 所示。

图 2-34　桥面铺装层唧浆　　　　　　图 2-35　桥面铺装层坑槽、积水（开槽后）

2)病害成因

混凝土材料或施工质量不好;设计上存在缺陷、超负荷使用和冻融破坏等;桥面排水不畅,面层下积水,车辆荷载长期碾压。

3)处理措施

及时修补损坏的铺装层,防止病害扩大;加强桥面排水,防止积水对铺装层的破坏;提高铺装层施工质量,确保材料性能满足要求。

2.3.2 伸缩装置病害

1)病害特征

伸缩装置锚固区混凝土破损,型钢变形、断裂、缺失,梳齿板松动、缺失等,如图2-36~图2-39所示。

图2-36 锚固区混凝土破损

图2-37 型钢缺失

图2-38 型钢断裂、下沉

图2-39 梳齿板松动、缺失

2)病害成因

伸缩缝设计不合理或施工质量差。车辆冲击和温度变化引起的伸缩变形。

3）处理措施

定期检查伸缩装置的工作状态；及时维修或更换损坏的伸缩装置；加强伸缩缝处的排水和防水措施。

2.3.3 混凝土护栏破损、露筋

1）病害特征

钢筋锈蚀导致混凝土护栏局部破损、露筋，如图 2-40 所示。

图 2-40　混凝土护栏局部破损、露筋

2）病害成因

钢筋混凝土构件原设计配筋率偏低；有害化学物质侵蚀和冻融破坏；维护不当和使用年限过长；外力碰撞导致混凝土局部破损。

3）处理措施

加强钢筋混凝土构件的防腐和防水措施；对锈蚀的钢筋进行除锈和加固处理；破损混凝土部分清除修复。

2.3.4 桥面集中排水设施病害

1）病害特征

桥面集中排水设施主要病害：雨水箅子缺失，泄水管堵塞，排水管破损、脱落、缺失等，如图 2-41～图 2-44 所示。

2）病害成因

设计因素：排水系统设计不周，如泄水管孔径、数量、位置设计不合理。

施工因素：泄水管周围混凝土浇筑不密实，出现蜂窝空洞等。

环境因素:灾害性天气频发,如暴雨、洪水等。

维护因素:桥梁日常维护和检查不到位,未能及时发现和处理排水系统的破损。桥面清扫不彻底,导致泄水孔堵塞。

图 2-41　雨水箅子缺失

图 2-42　排水管局部破损

图 2-43　排水管局部脱落

图 2-44　排水管缺失

3) 处理措施

设计优化:改进排水系统设计,如增加泄水管数量、调整泄水管位置和孔径等。

施工控制:加强泄水管周围混凝土的浇筑质量控制,确保混凝土密实、无蜂窝空洞。

环境应对:加强灾害性天气的预警和应对,确保桥梁在极端天气下的安全。

维护加强:加强桥梁的日常维护和检查,及时发现和处理排水系统的破损。定期对桥面进行清扫,确保泄水孔畅通无阻。对于已破损的泄水管,应及时进行修补或更换。

其他措施:增强公众对桥梁保护的意识,鼓励大家共同维护桥梁的安全和畅通。加大桥梁管理部门的监管力度,确保桥梁的日常维护和检查工作得到有效执行。

3 现浇混凝土连续梁桥维修加固技术

现浇连续梁桥在运营期内,可能产生多种缺陷或病害。根据现行《公路桥涵养护规范》(JTG 5120)、《交通运输部关于进一步加强公路桥梁养护管理的若干意见》(交公路发〔2013〕321号)、《交通运输部关于进一步提升公路桥梁安全耐久水平的意见》(交公路发〔2020〕127号)文件要求,应根据高速公路桥梁技术状况评定结果,分类采取不同的养护管理措施。其中:

一类桥梁进行正常保养或预防性养护。

二类桥梁进行修复性养护、预防养护,及时修复轻微病害。

三类桥梁进行修复性养护、加固或更换较大缺陷构件,酌情进行交通管制。

四类桥梁应进行修复养护、加固或改造,及时进行交通管制,必要时封闭交通。

五类桥梁应及时封闭交通,进行改建或重建。

3.1 维修加固的目标与原则

近年来,随着现浇混凝土连续梁桥数量的增加,出现病害的此类桥梁也呈增长趋势,对现浇混凝土连续梁桥加固方法的研究也在逐步深入。根据已有的经验,旧桥加固技术基本上有三种类型:加强薄弱构件、增加或更换桥梁构件、改变结构受力体系等。常规的加固方法主要有两大类,即主动加固法和被动加固法。主动加固法有增设体、内外预应力钢束等;被动加固法有增大截面、粘贴钢板及纤维复合材料等。不同的加固方法均有其针对性,并具有不同的加固效果。因此,实施加固前应首先明确加固目标。现浇混凝土连续梁桥加固方法选择原则如下:

(1)箱梁的刚度不足且产生严重下挠时,应采用施加体外预应力法进行加固,也可采用改变体系法进行加固。

(2)箱梁的抗剪承载能力不足时,可采用增大截面、粘贴钢板、粘贴纤维复合材料或增设竖向预应力等方法进行加固。

(3)箱梁的抗弯承载能力不足时,可采用施加体外预应力、粘贴钢板、粘贴纤维复合材料或增大截面等方法进行加固。

(4)箱梁顶、底板因承载力不足而产生纵向开裂时,可采用粘贴钢板、粘贴纤维复合材料或新增横肋等方法进行加固。

(5)箱梁齿板局部承压不足引起齿板破坏或锚固区箱梁局部开裂时,可采用增大截面或粘贴钢板等方法进行加固。

3.1.1 维修加固目标

(1)确保桥梁安全、完整、适用与耐久。

桥梁结构长期受自然和使用环境的侵蚀,加之设计、施工和维护的缺陷,在运营过程中难免发生病害。为确保结构物的安全、完整、适用与耐久,须及时进行维修加固。

(2)提高原有桥梁的通行能力与承载力。

为适应交通运输发展的要求,原道路桥梁结构需要进行拓宽,增加行车道宽度以提高通行能力。对原设计荷载等级较低的桥梁,应结合实际情况,采用合适的加固方法对旧桥加以改造,使原桥承载能力得到提高。

3.1.2 维修加固原则

针对现浇混凝土连续梁桥的不同病害,分析原因与影响范围程度,结合不同的维修加固需求,认真对比研究可行的加固方案,并遵循以下原则:

(1)加固设计的基本原则是做"加法",而不能做"减法",即加固应尽可能不损伤原结构,避免不必要的拆除及更换,防止加固中造成新的结构损伤或病害。

(2)加固设计需要恢复使用功能、提高承载能力,还需注意增强安全性和耐久性。

(3)加固方法对应的受力模式应清晰合理,对应的施工方法、流程、工艺的设计应考虑结构或构件出现倾斜、失稳、坍塌等可能性,并采取有效措施。

(4)加固时,应考虑分阶段受力,在新加材料与原结构(构件)未有效结合前,其恒载(含新加材料重量)应由原结构截面承担;有效结合后施加的荷载(恒载、活载、附加载)由加固后的组合截面承担。

(5)加固设计计算应考虑结构病害影响、材料劣化、新旧材料的结合性能及材料性能差异。材料性能、几何尺寸等参数的取值,应采用桥梁现状的检测结果。

(6)加固后的结构验算应考虑附加荷载(温度变化、混凝土收缩及徐变、预加应力、墩台位移、安装应力等)的影响。

(7)桥梁下部结构要有足够的承载能力,以满足结构加固后桥梁自重和通行荷载增加对基础的要求。如基础承载能力不足,则应首先采取措施进行加固。

(8)加固设计时,应将原桥梁竣工图和设计图及检测评估报告等基础资料作为设计依据,必要时应进行现场核对。

(9)对特大桥、大桥而言,在加固改造其主要承重构件时,应采取两个以上的设计方案,其方案必须进行比选,且必须对经济性指标进行评价,完成加固方案可行性研究报告。

(10)在加固施工过程中,尽可能减少对桥上和桥下的通行车辆、通航船只及行人的干扰,采取必要的措施,减小对周围环境的破坏污染。

(11)在加固施工过程中,若发现原结构或相关工程隐蔽部位的构造有严重缺陷时,应立即停止施工,及时联系加固设计单位,研究并采取有效措施处理后,才可继续施工。

（12）在加固施工过程中，应采取必要的监控措施，以确保结构和人员的安全。

3.2 裂缝类病害处治

（1）对于裂缝<0.15mm 的裂缝，采用表面封闭法进行处理。
（2）对于裂缝≥0.15mm 的裂缝，采用裂缝修补胶进行压力灌注封闭。

维修处理后，应加强观测，建立裂缝检测档案，详细描述裂缝的发生位置及走向，定期观测记录裂缝的宽度和长度。根据劣化程度判断是否为结构裂缝或非结构裂缝，根据数次检测结果判定病害发展趋势，若危及桥梁安全，需及时进行加固处理。

进行裂缝注胶及封闭时，应根据保通措施，对桥面进行限载限速，并选择交通量较小的时间段进行施工。

3.3 增大截面加固法

增大截面加固法，是通过增大原构件截面面积并增配钢筋，以提高承载力和刚度的方法。此方法可用于现浇混凝土连续梁桥的受弯和受压构件，以提高受弯构件的正截面抗弯承载力、斜截面抗剪承载力和刚度；提高受压构件的正截面承载力、刚度和稳定性。抗弯承载力增大(腹板)截面加固如图 3-1 所示。

图 3-1 抗弯承载力增大(腹板)截面加固

3.3.1 加固机理分析

增大截面法加固受弯及偏心受压构件的核心是增加受拉区钢筋或增大受压区面积以及增大受拉合力作用点对受压区的力臂,从而增大抗弯惯性矩,增加构件的刚度,提高桥梁整体承载能力。采用增大截面法进行加固,结构可靠性好,构件承载力、刚度提高幅度大。

增大截面法属于被动加固法,是一个二次受力的过程,加固时原构件在已有荷载作用下已处于某一应力、应变水平,即第一次受力过程,而新加部分在新增荷载下,即第二次加载下才开始受力,所以新增加部分的应力、应变滞后于原结构的应力、应变,新、旧结构不能同时达到应力峰值。因此,在计算加固后截面受拉或受拉边的应力或应变时,应分两阶段计算、叠加。

3.3.2 加固适用条件

本方法适用于钢筋混凝土和预应力混凝土受弯构件、钢筋混凝土受压构件的加固,以提高受弯构件的抗弯承载力、抗剪承载力和刚度,提高受压构件的正截面承载力和刚度。

采用增大截面法加固构件时,对受弯构件:有效提高了其抗弯刚度,但增加截面的尺寸大小受限;对偏心受压构件:增加了强度、刚度,稳定性得到有效提高,但新增混凝土会给原构件带来负担,且浇筑不方便、养护时间和工期较长。增大截面法主要适用于下列情形:

(1)原受弯构件的抗弯承载力或者抗剪承载能力不足,或构件刚度不足时,采用增大截面加固法效果较佳;

(2)受压构件承载力、刚度或稳定性不满足实际通行要求时,需对其加固;

(3)墩柱的主钢筋外露、锈蚀、混凝土破碎,或墩柱倾斜时,需对其加固补强。

3.3.3 加固方法研究

从力学角度分析,现浇箱梁属于典型受弯构件,采用增大截面法加固的区域主要有三个,即截面受压区、受拉区和受剪区。

(1)受压区增设现浇混凝土层来增大正截面高度,提高正截面抗弯承载力和刚度。一般对跨中顶板区段非常适用,通过加厚顶板来增大受压区面积以及力臂,从而增大抗弯惯性矩,提高构件的抗弯承载力及刚度。

(2)受拉区一般是在受拉区截面外增设纵向钢筋,为保证加固纵向钢筋的正常工作,需要按构造要求浇筑混凝土保护层,进而增大了截面尺寸。对于支点负弯矩区上缘受拉这种模式,应增大支点附近顶板厚度,沿上缘布设受拉钢筋,以改善支点受力。针对跨中下缘受拉区，因活载变形敏感影响新老混凝土接合且增加自重，一般不推荐采用增大截面法加固。

（3）受剪区一般是增设抗剪斜筋或竖向钢筋，与增大的混凝土层共同工作。多针对现浇箱梁腹板抗剪截面尺寸不足或与在锚固区域增设体外预应力钢束方案一并使用。

3.3.4 现浇箱梁增大截面法应用的主要形式

现浇箱梁增大截面法通常采用加厚或增加腹板的形式实现，主要形式分为以下三种：

（1）针对结构刚度不足、斜截面抗剪和正截面抗弯均不满足要求的箱梁，采用加厚腹板方案（图3-2），加厚腹板在箱梁外侧和内侧均可采用，适当配置抗弯钢束，将加厚腹板作为抗剪增强构造和新增钢束的锚固区。该方案能够有效提高箱梁的承载能力和刚度，改善其抗裂性能，对结构的稳定性也有一定的提高。

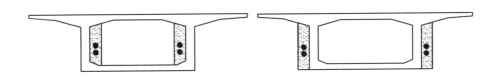

图 3-2 腹板加厚、张拉体内预应力示意图

（2）针对斜截面抗剪不满足要求的箱梁，可采用箱室中部新增腹板的方案（图3-3），可与增设竖向预应力筋同时采用，能够有效提高箱梁的抗剪能力。

（3）针对腹板局部施工质量较差、跑模腹板厚度不足或轻度火灾等造成的腹板损伤等问题，可以采用箱梁外侧植筋并布设抗剪钢筋、浇筑混凝土的方式增大腹板截面（图3-4），提高箱梁的抗剪能力。

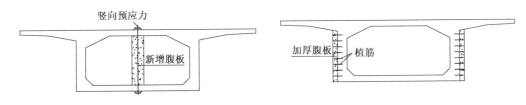

图 3-3 新增腹板、增设竖向预应力筋示意图　　图 3-4 植筋加厚腹板示意图

上述三种增大截面的加固方案，在一定程度上能够提高梁体抗剪承载力和箱梁的整体刚度，但将会增加原箱形梁的恒载效应，造成部分断面应力增加。因此，目前效果较好的做法是控制腹板加厚段向跨中的延伸范围，并采用"被动加固"与"主动加固"相结合的方式，即通过增设体内或体外预应力的方式抵消箱梁腹板加固所产生的二次恒载效应，使得加固后的箱梁受力更加合理。

3.3.5 构造要求

(1)新浇混凝土应符合下列规定:

①新浇混凝土强度等级宜比原构件混凝土强度等级提高一级,且不低于 C30。

②新浇混凝土层的最小厚度,对板不宜小于 100mm,对梁和受压构件不宜小于 150mm。

③当新浇混凝土层厚度小于 100mm 时,可采用小石子混凝土或喷射高性能抗拉复合砂浆。在结构尺寸复杂和新浇混凝土施工条件差的情况下,可采用微膨胀或自密实混凝土。

(2)加固用受力钢筋直径不小于 12mm,不宜大于 25mm;构造钢筋直径不小于 10mm;箍筋直径不应小于 8mm。

(3)新增钢筋应按现行《公路钢筋混凝土及预应力混凝土桥涵设计规范》(JTG 3362)要求进行设置,并应符合下列规定:

①当新增纵向钢筋与原构件受力钢筋采用短筋焊接时,短筋的直径不宜小于 12mm,各短筋的中距不应大于 500mm。

②当用单侧或双侧加固时,应设置 U 形箍筋或封闭式筋,并与原构件牢固连接。

(4)在受拉区增设混凝土加固的受弯构件,新增纵向钢筋需截断时,应从计算截断点外至少增加一个锚固长度。受压构件新增纵向受力钢筋应伸入原结构中并满足锚固要求。

(5)新老混凝土结合面处,原构件的表面应凿成凹凸差不小于 6mm 的粗糙面。

(6)需要在原构件混凝土中植抗剪钢筋时,数量应根据受力及构造要求确定。

3.4 粘贴钢板加固法

粘贴钢板加固法(图 3-5、图 3-6),是采用结构胶黏剂粘贴钢板(型钢)以提高构件承载力的方法。此方法加固本质是以钢板补充截面配筋,提高截面的极限承载力。

3.4.1 加固机理分析

粘贴钢板作用原理属于被动加固的范畴,极限状态下后加强钢板的应力发生程度取决于原梁的配筋率,对原梁高度较小、配筋率较大的情况,后加补强钢板不能充分发挥作用。

图 3-5 正截面抗弯承载力粘贴钢板加固

图 3-6 斜截面抗剪承载力粘贴钢板加固

3.4.2 加固适用条件

本方法适用于钢筋混凝土受弯、受拉和受压构件的加固,多应用于混凝土薄壁箱梁腹板开裂加固,也可用于箱梁顶、底板纵向裂缝、跨中底板横向裂缝的加固。当出现如下病害或有如下需要时,可采用钢板加固法:

(1)使用荷载下,箱梁或桥墩盖梁的受拉主筋或抗剪箍筋配筋不足时,但应注意是否为超筋梁构件。

(2)原受拉主筋严重腐蚀或受损。

(3)适度增加构件的抗裂性和构件的刚度,与其他受力加固方法共同使用。

(4)提高偏心受压构件的承载力,对构件进行封闭加固。

3.4.3 加固方法研究

粘贴钢板加固法应用于现浇箱梁加固时,宜从以下方面进行考虑:

(1)提高现浇箱梁的抗弯能力。针对正弯矩区,在跨中下缘粘贴沿梁体纵向钢板条;针对负弯矩区,在支点上缘粘贴沿梁体纵向钢板条。

(2)提高现浇箱梁的抗剪能力。当采用钢板进行斜截面承载力加固时,宜采用条带粘贴,上端和下端应粘贴纵向钢压条,并设置附加锚栓,各斜向钢板沿跨径方向的水平轴线上的投影应有相互重叠部分。

(3)抑制裂缝的发展。对于顶、底板纵向裂缝,可横桥向粘贴钢板,提高顶、底板横桥向抗弯刚度,减缓裂缝开展,提高结构耐久性。

3.4.4 构造要求

(1)采用直接涂胶粘贴的钢板厚度不应大于5mm;钢板厚度大于5mm时,应采用压力注胶黏结。

(2)对钢筋混凝土受弯构件进行正截面加固时,钢板宜采用条带粘贴,钢板的宽厚比不应大于50。

(3)当粘贴的钢板延伸至支座边缘仍不满足规范延伸长度的要求时,应采取下列锚固措施:

①对梁,应在延伸长度范围内均匀设置U形箍(图3-7),且应在延伸长度的端部设置一道加强箍。U形箍应伸至梁翼缘板底面。U形的宽度,对端不应小于200mm;对中间箍不应小于受弯加固钢板宽度的1/2,且不应小于100mm。U形箍的厚度不应小于受弯加固钢板厚度的1/2。U形箍的上端应设置纵向钢压条;压条下面的空隙应加胶粘钢垫块填平。

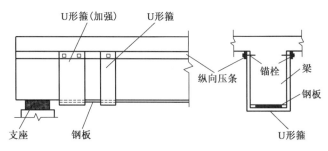

图3-7 梁粘贴钢板端部锚固措施

②对板,应在延伸长度范围内通长设置垂直于受力钢板方向的压条。应在延伸长度范围内均匀布置压条,且应在延伸长度的端部设置一道压条。钢压条的宽度不应小于受弯加固钢板宽度的3/5,钢压条的厚度不应小于受弯加固钢板厚度的1/2。

(4)当采用钢板对受弯构件负弯矩区进行正截面承载力加固时,应采取下列构造措施(图3-8):

①对负弯矩区进行加固时,钢板应在负弯矩包络图范围内连续粘贴;其延伸长度的截断点应按规范确定。

②对无法延伸的一侧,应粘贴钢板压条进行锚固。钢压条下面的空隙应加胶粘钢垫块填平。

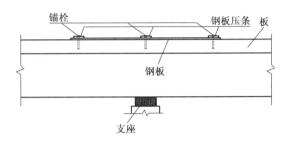

图3-8　负弯矩区粘贴钢板端部锚固措施

(5)当加固的受弯构件需粘贴一层以上钢板时,相邻两层的截断位置应错开一定距离,错开的距离不应小于300mm,并应在截断处加设U形箍(对梁)或横向压条(对板)进行锚固。

(6)当采用钢板进行斜截面承载力加固时,应粘贴成斜向钢板、U形箍或L形箍(图3-9)。斜向钢板和U形箍、L形箍的上端应粘贴纵向钢压条予以锚固。

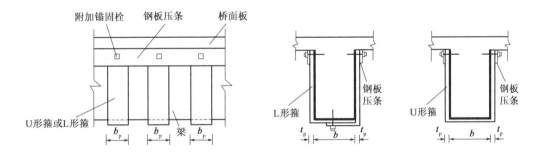

图3-9　钢板抗剪箍及其粘贴方式示意图
b_p-U形箍或L形箍宽度;t_p-U形箍或L形箍厚度;b-梁宽

(7)直接涂胶粘贴钢板宜使用锚固螺栓,锚固深度不应小于6.5倍螺栓直径。螺栓布置的间距应满足下列要求:

①螺栓中心最大间距为24倍钢板厚度;最小间距为3倍螺栓孔径。

②螺栓中心距钢板边缘最大距离为8倍钢板厚度或120mm中的较小者,最小距离为2倍螺栓孔径。

如果螺栓只用于钢板定位或粘贴加压时,不受上述限制。

3.5 粘贴纤维复合材料加固法

粘贴纤维复合材料加固法,是采用结构胶黏剂粘贴复合材料以提高构件承载力的方法。正截面抗弯承载力粘贴纤维复合材料加固如图3-10所示。

图3-10 正截面抗弯承载力粘贴纤维复合材料加固

3.5.1 加固机理分析

粘贴纤维复合材料加固是采用胶黏剂将纤维复合材料粘贴在结构物的受拉区或薄弱部位,使其与结构形成整体,受力过程中与构件保持变形协调,共同承受荷载。

在采用碳纤维布等纤维复合材料加固混凝土连续梁桥时,纤维片材因纤维排列方向不同而使各方向拉伸强度不相同。纤维方向与受力方向相同时,其拉伸强度最高;反之,纤维方向与受力方向垂直时,其强度最低。因此,在采用纤维片材进行加固时,必须正确设计纤维的布置方向。

加固常用的纤维复合材料的抗拉强度比较大,一般情况下原受拉钢筋达到屈服后纤维复合材料的高强度才能发挥出来,因此,受压区混凝土及原受拉钢筋是否破坏,对于纤维复合材料高强度的发挥起着控制作用。设计时应考虑结构分阶段受力特点,原结构恒载由原结构承担,新增纤维复合材料只承受粘贴加固后的荷载。

3.5.2 粘贴纤维复合材料法的优缺点

1)粘贴纤维复合材料法的优点
(1)与原混凝土结合性良好;

（2）不会对原结构产生新的损伤；

（3）能够提高结构耐久性；

（4）新增荷载小，截面尺寸几乎不变，基本不影响结构外观；

（5）综合造价低，施工方便，工艺简便，不需要大型设备、模板、夹具及支撑等，施工工期短。

2）粘贴纤维复合材料法的缺点

采用纤维复合材料法加固混凝土构件时存在上述优点，但也存在不足之处。随着混凝土变形，纤维复合材料才能发挥作用，所粘贴的纤维复合材料对截面应力改善不明显，对结构的刚度提高不大，但能提高截面的极限承载力。因受到纤维复合材料作用条件的约束，该方法虽然可以提高构件抗裂性，但控制裂缝发展的效果有限。

3.5.3 加固适用条件

本方法主要适用于钢筋混凝土受压柱的加固，以提高延性、耐久性；亦可用于梁、板的加固。混凝土箱梁粘贴纤维复合材料可用于箱梁腹板裂缝、顶底板纵向裂缝、跨中底板横向裂缝的加固，常与体外预应力等主动加固方法配合使用。当出现如下病害或有如下需要时，可采用粘贴纤维复合材料法：

（1）混凝土墩柱承载力提高及抗震延性补强；

（2）主梁受拉主筋或腹板配筋不足；

（3）主梁抗裂性不能满足要求时，与其他受力加固方法共同使用；

（4）主梁受拉钢筋严重腐蚀或受损，以致承载力无法满足要求时，与其他受力加固方法共同使用；

（5）以延长结构使用年限为主要目的的耐久性加固。

3.5.4 纤维材料

目前加固用纤维从材料组成分类主要类型有碳纤维、芳纶纤维、玻璃纤维，亦包括芳韧玻纤、玄武岩纤维等，从材料形式分类主要有布材和板材。使用时应注意以下问题：

（1）碳纤维应选用不大于 12K（1K = 1000，K 为一根碳纤维纱里所含有的单丝的根数）的小丝束聚丙烯腈基（PAN 基纤维），不得使用大丝束纤维。

（2）玻璃纤维，应选用 S、E 玻璃纤维，不得使用 A、C 玻璃纤维。

（3）单向碳纤维板材的厚度不应小于 1.0mm，不宜大于 2.0mm。

（4）粘贴纤维复合材料用的底胶与修补胶应与浸渍、粘接胶黏剂相适配。

（5）纤维板材宜用于受弯构件补强，纤维布材宜用于混凝土表面防护和抑制裂缝发展。

3.5.5　加固方法研究

粘贴纤维复合材料用于混凝土结构维修加固时相对简单,应注意纤维粘贴方向,应避免满贴以方便检查。应用于箱梁受力加固时,应注意以下问题:

(1)若原桥混凝土强度等级过低,与纤维片材的黏结强度也较低,易发生剥离破坏,纤维复合材料不能充分发挥作用。因此,采用纤维复合材料加固受压柱时,原构件混凝土强度等级不宜低于C15;采用碳纤维复合材料加固梁时,混凝土强度等级不宜低于C25;采用芳纶纤维复合材料、玻璃纤维复合材料时,混凝土强度等级不宜低于C20。

(2)根据桥梁加固"二次受力"的原则,若充分发挥纤维复合材料的高强作用,加固时宜卸除作用在结构上的部分荷载。如与更换桥面现浇层配合使用,铣刨铺装后粘贴纤维材料,再浇筑桥面铺装,可使纤维材料与主梁粘贴加固后的组合截面承担后施加的二期恒载和活载。

(3)外贴纤维复合材料加固钢筋混凝土构件时,应将纤维复合受力方式设计成仅承受拉应力作用。受弯构件正截面加固采用粘贴纤维复合材料时,跨中下缘不宜过强,设计中应进行整体验算,以考虑加固后在荷载作用下,对结构其他构件或构件的其他性能产生影响,避免发生脆性破坏。例如,正截面加固后的构件,应同时验算其斜截面承载力,避免斜截面破坏先于正截面破坏。

(4)纤维复合材料宜裁剪成条带状粘贴。粘贴层数不宜超过4层。超过4层时,宜改用板材,并采取可靠的加强锚固措施。

(5)碳纤维片纵向接头,搭接的地方要与构件应力的最大区段分开,同时搭接一定的距离,多层粘贴进行时,在一个部位不应进行各层的搭接,且层间要错开一定的距离。

3.5.6　现浇箱梁加固

抗弯加固应粘贴在底板,沿纵轴向粘贴的纤维片材应延伸至支座边缘。纵向裂缝的加固可横桥向粘贴碳纤维条带。

抗剪加固应粘贴成垂直于构件轴线方向的环形箍或其他有效的U形箍,不得采用斜向粘贴方式。梁高大于600mm时,应在梁的腰部增设一道纵向腰压带,必要时,也可在腰压带端部增设自锁装置,腹板斜裂缝常见粘贴碳纤维形式如图3-11所示。

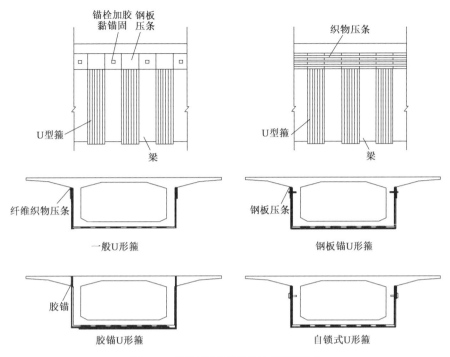

图 3-11 腹板斜裂缝常见粘贴碳纤维形式

3.5.7 构造要求

1) 一般规定

(1) 纤维复合材料宜粘贴成条带状,非围束时板材不宜超过 2 层,布材不宜超过 3 层。

(2) 对钢筋混凝土柱进行粘贴纤维复合材料加固时,条带应粘贴成环形箍,且纤维方向应与柱的纵轴线垂直。

加固大偏心受压构件,可将纤维复合材料粘贴于构件受拉区边缘混凝土表面,纤维方向应与柱的纵轴线方向一致。加固受拉构件,纤维方向应与构件受拉方向一致。梁的受拉区两侧粘贴纤维复合材料进行抗弯加固时,粘贴高度不宜高于 1/4 梁高。采用封闭式粘贴或 U 形粘贴对梁、柱构件进行斜截面加固,纤维方向宜与构件轴线垂直或与其主拉应力方向平行。

(3) 纤维复合材料沿纤维受力方向的搭接长度不应小于 100mm;当采用多条或多层纤维复合材料加固时,其搭接位置应相互错开。

(4) 当纤维复合材料绕过构件(截面)的外倒角时,构件的截面棱角应在粘贴前打磨成圆弧面(图 3-12)。圆弧半径,梁不应小于 20mm,柱不应小于 25mm。对于主要受力纤维复合材料不宜绕过内倒角。

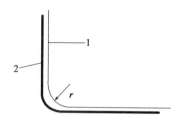

图 3-12 构件外倒角处粘贴示意
1-构件;2-纤维复合材料;r-圆弧半径

(5)粘贴多层纤维复合材料加固时,宜将纤维复合材料逐层截断,并在每层截断处最外侧加压条,其粘贴形式采用内短外长式,如图 3-13 所示。

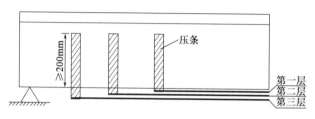

图 3-13 多层纤维复合材料粘贴构造

(6)采用纤维复合材料对钢筋混凝土梁或柱的斜截面承载力进行加固时,其构造应符合下列规定:

①宜选用环形箍或加锚固的 U 形箍;仅按构造需要设箍时,也可采用一般 U 形箍。
②U 形箍的纤维受力方向应与构件轴向垂直。
③一般情况下,在梁的中部应增设一道纵向中压带。

2)柱的加固

(1)沿柱轴向粘贴纤维复合材料加固时,应有足够的锚固长度。必要时可在纤维复合材料两端增设锚固措施。

(2)采用纤维复合材料的环向围束对钢筋混凝土柱进行延性加固时,其构造应符合下列规定:

①环向围束的纤维复合材料层数,对圆形截面不应少于 2 层,对矩形截面不应少于 3 层。
②环向围束上下层之间的搭接宽度不应小于 50mm,纤维织物环向截断点的延伸长度不应小于 200mm,且各条带搭接位置应相互错开。

3)梁和板加固

对梁、板进行抗弯加固时,可在纤维复合材料两端设置 U 形箍或横向压条。其切断位置距其充分利用截面的距离不应小于按式(3-1)计算得出的黏结长度 l_d(图 3-14)。

$$l_d = \frac{E_f \varepsilon_f A_f}{\tau_f b_f} + 200 \tag{3-1}$$

式中：l_d——纤维复合材料从强度充分利用截面向外延伸所需的黏结长度(mm)；

E_f——纤维复合材料的弹性模量(MPa)；

ε_f——充分利用截面处纤维复合材料的拉应变；

A_f——受拉面粘贴的纤维复合材料的截面面积(mm²)；

τ_f——纤维复合材料与混凝土间的黏结强度设计值，一般取 0.5MPa；

b_f——受拉面上粘贴的纤维复合材料的宽度(mm)。

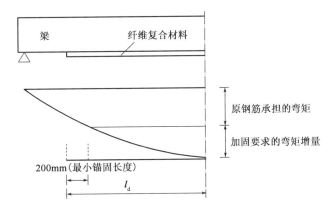

图 3-14 纤维复合材料的粘贴延伸长度

当纤维复合材料延伸至支座边缘仍不满足黏结长度 l_d 的规定时，应采取以下锚固措施：

（1）对于梁，在纤维复合材料延伸长度范围内至少应设置两道纤维复合材料型锚固[图 3-15a)]。U 形箍宜在延伸长度范围内均匀布置，且在延伸长度端部必须设置一道。U 形箍的粘贴高度宜伸至顶板底面。每道 U 形箍的宽度不宜小于受弯加固纤维复合材料宽度的 1/2，U 形箍的厚度不宜小于受弯加固纤维复合材料厚度的 1/2。

（2）对于板，在纤维复合材料延伸长度范围内至少设置两道垂直于受力纤维方向的压条[图 3-15b)]。压条宜在延伸锚固长度范围内均匀布置，且在延伸长度端部必须设置一道。每道压条的宽度不宜小于受弯加固纤维复合材料条带宽度的 1/2，压条的厚度不宜小于受弯加固纤维复合材料厚度的 1/2。

（3）当纤维复合材料的黏结长度小于计算所得长度 l_d 的 1/2 时，应采取可靠的附加机械锚固措施。

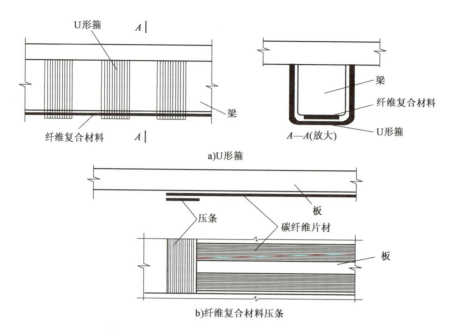

图 3-15 抗弯加固时纤维复合材料端部附加锚固措施

3.6 预应力碳纤维加固法

预应力碳纤维加固法是一种利用碳纤维增强材料进行结构加固的技术。具体来说，预应力碳纤维加固法通过对碳纤维（常以碳纤维布或碳纤维板的形式出现）进行拉伸加力，使其形成预应力，然后在加固结构时与混凝土之间形成强黏结作用，从而改善结构的受力性能，提高结构承载力，正截面抗弯承载力预应力碳纤维加固如图 3-16 所示。

图 3-16 正截面抗弯承载力预应力碳纤维加固

3.6.1 预应力碳纤维加固法的原理

预应力碳纤维加固法是一种利用碳纤维增强材料进行加固的技术。它通过对碳纤维进行拉伸加力,使其具有预应力,在加固结构时形成混凝土和碳纤维之间的强黏结作用,从而提高结构受力能力。

具体来说,预应力碳纤维加固法的实施步骤包括:首先,评估待加固结构的裂缝、变形等情况,确定加固方案;其次,准备碳纤维布和胶黏剂,并对施工界面进行处理;最后,按照设计要求对碳纤维布进行张拉,并将其与结构表面胶黏固定。

3.6.2 加固适用条件

预应力碳纤维加固法可用于各种类型的桥梁结构加固,可对桥梁的梁体、腹板、底板及翼缘板等部位进行加固,提高桥梁的承载能力和耐久性。

3.6.3 预应力碳纤维加固法的优缺点

1)预应力碳纤维加固法的优点

高效经济:预应力碳纤维加固法施工速度快,成本低,能够显著提高加固效率和经济性;环保耐久:碳纤维材料耐腐蚀性强,不需要频繁维护,有利于环境保护和降低长期成本;适应性强:适用于多种类型的结构加固,且加固效果显著;自重轻:对于增加自重敏感结构尤其具有优势。

2)预应力碳纤维加固法的缺点

成本问题:碳纤维材料比传统建筑材料更为昂贵,可能限制其在成本敏感型项目中的应用;技术难题:预应力碳纤维加固法的设计、施工和性能评估等方面的知识仍在不断发展之中,需要更多的研究和实践来完善相关规范和标准;环境影响:虽然碳纤维材料本身具有较高的耐久性,但其生产过程可能涉及化学物质的使用,需要在评估其整体可持续性时予以考虑。

3.6.4 实施步骤

评估与设计:评估待加固结构的裂缝、变形等情况,确定加固方案。

准备材料:准备碳纤维布(或碳纤维板)、胶黏剂及其他必要的施工工具和材料。

界面处理:对施工界面进行处理,确保碳纤维材料能够牢固地粘贴在结构表面。

张拉与粘贴:按照设计要求对碳纤维布(或碳纤维板)进行张拉,并使用胶黏剂将其与结构表面粘贴固定。

3.7 体外预应力加固法

体外预应力加固法,是通过施加体外预应力索(包括钢绞线、高强钢丝束和精轧螺纹钢筋)对既有混凝土梁体主动施加外力,以改善原结构受力状况的加固方法,如图3-17所示。此方法属于主动加固法,能够有效提高结构承载能力安全储备,改善使用阶段应力,抑制裂缝的发展。

图3-17 正截面抗弯承载力体外预应力加固

3.7.1 加固机理分析

体外预应力加固体系主要由预应力钢筋(束、板)、锚固系统、转向块或滑块、水平减振装置等组成。通过体外附加锚固措施,张拉高强材料,对桥梁上部结构施加预应力,以预应力产生的反弯矩部分抵消外荷载产生的内力,从而达到改善桥梁使用性能并提高承载力安全度的目的。体外预应力加固法没有应力滞后的缺陷,后加部分与原结构能较好地共同工作,结构总体承载能力可显著提高。

3.7.2 加固适用条件

当出现如下病害或有如下需要时,可考虑采用施加体外预应力法进行加固:
(1)正截面受弯承载能力不足或正截面受拉区纵向钢筋锈蚀,跨中出现横向裂缝;
(2)箱梁斜截面抗剪承载力不足,腹板产生斜向裂缝;
(3)箱梁刚度偏小,活载挠度大,可与顶板增大截面加固法共同使用;
(4)与其他被动加固方法共同使用,抵消新增部分的恒载效应。

3.7.3 体外预应力加固法的优缺点

1)体外预应力加固法的优点

(1)锚固构件尺寸小,自重增加较小,能大幅度改善和调整原结构的受力状况,可有效提高承重结构的承载能力、刚度、抗裂性能,加固效果较好。

(2)施加的预应力有利于裂缝闭合并抑制新裂缝的开展。

(3)简化预应力筋曲线,预应力筋仅在锚固处和转向处与结构相连,减小摩阻损失,提高预应力使用效率。

(4)与原结构无黏结,应力变化值小,对结构受力有利。

(5)施工对原梁损伤较小,对桥下净空影响较小,对原结构墩台基础的影响较小。

(6)预应力施工工艺相对简单、施工时可不封闭交通、所需设备较简单、人力投入少、工期短、经济效益明显。

(7)体外索可调可换,便于使用期间进行维护。

2)体外预应力加固法的缺点

(1)体外预应力加固法,实际上是改变了梁体原有受力体系,结构加固以后,新的受力体系在荷载作用下的力学行为与原结构存在差异。预应力加固完成后,由于预应力的作用,原受力结构会出现不同程度的卸载现象,导致原结构发生内力重分布。

(2)由于预应力筋转向块和锚固点处存在着巨大的集中力,这一区域的受力比较复杂,加固后易产生病害。

(3)体外预应力筋的寿命问题。由于体外预应力筋暴露在环境中,其寿命受到环境因素的影响,如氧化、疲劳、腐蚀等,可能影响加固效果。

3.7.4 构造要求

1)体外预应力筋(束)的布置

(1)体外预应力筋(束)布置方式必须考虑桥梁结构的内力分布状况。体外预应力筋(束)可根据原结构的构造及断面形式布置在梁体的外侧或内侧。

(2)简支梁桥常用的体外预应力布置形式主要有四种,如图3-18所示。

(3)体外预应力筋(束)由水平和倾斜布置的钢筋、钢绞线或钢丝束组成,两者以滑块相连接[图3-18a)、图3-18b)];其中的斜向部分可由带楔形滑块的槽钢组成[图3-18d)]。当体外索采用图3-18c)布置时,在其转折点应设置转向滑块,滑块应固定在主梁的横隔板或横隔梁底面。

(4)体外索的张拉端或锚固端可设在梁底、梁顶或端横隔板根部,亦可将体外索的上锚固端布置在主梁端部腹板两侧。

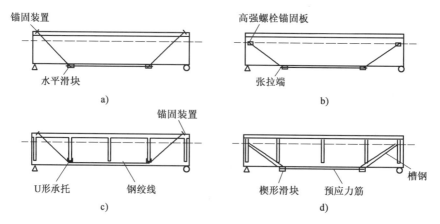

图3-18 简支梁桥常用的体外预应力布置形式

(5)对箱梁,宜将体外预应力筋(束)布置在箱(室)的内侧(图3-19)。体外预应力筋(束)沿桥梁纵向长线布置,横桥向应对称(图3-20)。

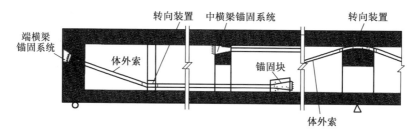

图3-19 体外预应力加固束在箱梁内的纵向布置形式

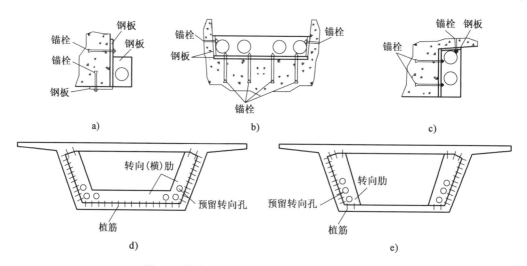

图3-20 体外预应力加固束在箱梁内的横向布置形式

2)箱梁加固体系的转向构造

(1)箱梁加固体系的转向、定位及锚固装置设置在箱梁内部时,转向装置应设置符合预应力束弯转角度的弧形转向钢管,其管口应适当扩大。

（2）转向装置可以是整束式，也可以是分束式。整束式转向为预应力束整束在转向钢管中转向，如图3-21a)所示。分束式转向为钢绞线按一定次序、间距分散在转向器的截面上，如图3-21b)所示。

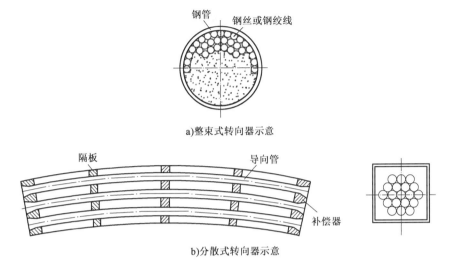

图3-21 转向器构造示意

转向钢管最小半径控制值见表3-1。管径应比钢绞线束或钢丝束外径大20mm，其壁厚不宜小于6mm。

转向钢管最小半径 R_{min} 控制值　　表3-1

规格	控制值（m）	规格	控制值（m）
7φ15.2	3.0	27φ15.2	4.5
12φ15.2	3.5	31φ15.2	5.0
19φ15.2	4.0		

（3）体外索转向装置包括转向块或转向肋。转向装置的平面尺寸与体外索的断面尺寸、束数、间距及转向力大小等因素有关。新浇筑混凝土转向装置的厚度不宜小于800mm。根据其受力要求选择如下：

①块式转向构造[图3-22a)]，简称转向块，用于转向钢束较少的情况，或用于两个转向构造之间的钢束定位，以减小钢束的振动及其引起的二次效应。转向块通常用混凝土或钢板制作。

②底横肋式转向构造[图3-22b)]，简称横向转向肋，用于横桥向转向较大的情况，或用于两个转向构造之间的钢束定位。

③带竖肋式转向构造[图3-22c)]，简称为竖向转向肋，用于体外索竖向转向力较大的情况。

④竖横肋式转向构造[图3-22d)]，简称转向横隔板，用于体外索竖、横向力均比较大的情况。

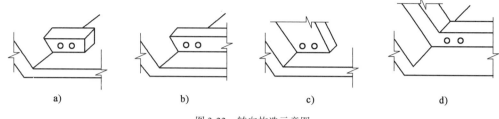

图 3-22 转向构造示意图

（4）混凝土转向块中应设置封闭箍筋，配筋形式如图 3-23 所示。箍筋宜采用植筋技术与混凝土箱体锚固。

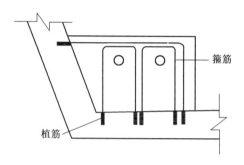

图 3-23 混凝土转向块的配筋形式

（5）箍筋距离转向器上缘的最小距离为 25mm，直径不宜大于 20mm；设置多层封闭箍筋时，层间距不宜小于 50mm；箍筋的纵向间距不小于 150mm。混凝土集料粒径不宜超过 15mm。

（6）设置在箱内的转向块受力较小时，亦可采用钢结构。钢制转向块可通过植筋、锚栓及胶黏剂将其可靠锚固。钢制转向块示意见图 3-24。

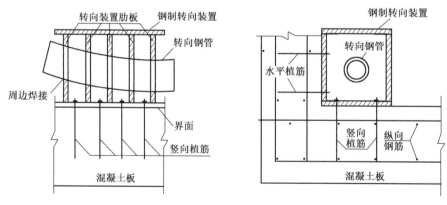

图 3-24 钢制转向块示意

（7）在定位装置中，钢束与护套之间应用隔振材料填实。体外预应力筋（束）的定位及减振装置的构造示意如图 3-25 所示。后浇筑的混凝土定位（或减振）装置的厚度不宜小于 400mm。

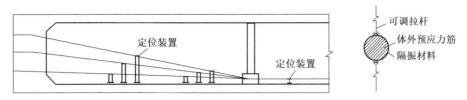

图 3-25　体外预应力筋(束)的定位及减振装置的构造示意

(8)锚固块的平面尺寸按锚具布置要求确定。锚固块内钢束不转向时,锚块长度可按锚固力传递至箱梁腹板和顶底板所需长度取值。

(9)对新增设的横(隔)梁或加劲肋,锚固横隔板受力钢筋布置示意如图 3-26 所示。其锚固钢筋可采用植筋或锚栓锚固于原梁混凝土中,并应验算其锚固强度。

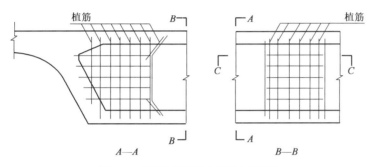

图 3-26　锚固横隔板受力钢筋布置示意

3.7.5　具体方法

1)主动加固技术

体外预应力加固法:通过施加体外预应力,提高梁体的抗弯截面模量,减小梁体挠度和受拉区梁体裂缝,从而改善结构的受力状况。这种方法适用于提高桥梁的承载能力和抗裂性能。

预应力碳纤维板加固系统:采用锚固、粘贴在梁体外部或箱内的高强碳纤维板对梁体施加预应力,减小桥梁变形和裂缝宽度,提高加固承载力。

2)被动加固技术

增大横截面积:增加梁截面的惯性矩或几何抗弯模量,通过增加截面面积来减少梁截面承受的拉应力,使其不超过容许应力,从而达到加固补强的目的。

粘钢加固、粘高强复合材料加固:在被加固构件的受拉区直接增设抗拉的补强材料,如粘贴钢板或其他类型的高强度复合纤维,以提高结构的承载能力。

3)主、被动加固相结合

综合应用:根据结构的实际情况和加固需求,可以综合应用主动加固和被动加固技术。例如,在桥梁加固中,可以先采用体外预应力加固法改善结构的受力状况,然后利用粘钢加固或增大横截面积等方法进一步提高承载能力。

分阶段加固：在加固过程中，可以根据需要分阶段实施主、被动加固。首先通过主动加固技术改善结构的整体性能，然后在关键部位或需要进一步加强的区域采用被动加固技术进行局部加固。

3.8 改变结构体系加固法

3.8.1 加固原理

改变结构体系加固法，是采用一定技术措施改变原结构受力体系，降低控制截面内力，提高桥梁结构整体承载能力的一种加固方法。此方法通过改变原有结构的受力体系，达到加固结构、提高承载力和稳定性的目的。这种加固方法通常涉及结构体系的重新设计、调整或增加新的结构元素，如增加支撑、改变梁板布置等。

3.8.2 加固方法

增加支撑：在结构的特定位置增加支撑，如增加钢柱、钢梁或钢筋混凝土柱等，以改善结构的受力状态，提高结构的整体稳定性和承载能力。

改变梁板布置：通过调整梁板的位置、数量和跨度等，改变结构的传力路径，使结构受力更加合理，提高结构的承载能力和刚度。

增设预应力结构：在结构的关键部位增设预应力结构，如预应力混凝土梁、预应力拉杆等，利用预应力的平衡作用，减少结构的变形和裂缝，提高结构的承载能力和耐久性。

引入耗能减振装置：在结构的特定位置引入耗能减振装置，如阻尼器、隔振支座等，通过消耗地震能量或减小地震力对结构的影响，提高结构的抗震性能。

3.8.3 构造要求

(1) 增设支承加固法的支承构造按现行桥梁设计规范相应构造要求执行。固结法的支承与原梁(基础)结构的连接构造应牢固可靠。铰支法的支承与原梁之间应设置支座，与基础的连接构造应牢固可靠。

(2) 简支变连续加固应符合下列构造规定：

①墩顶采用设置普通钢筋形成连续构造时，纵向受力钢筋应为螺纹钢筋，直径不应小于12mm；布设长度应超出连续梁墩顶的负弯矩包络图范围并不应小于梁高的2倍，还应与原梁钢筋牢固连接；连接困难时，亦可以通过采用植筋技术或锚栓技术与原梁形成整体。墩顶采用设置预应力钢束形成连续构造时，宜采用小吨位预应力扁锚分散错位锚固，

纵向错位间距不宜小于 1.5 m,布设长度应超出连续梁墩顶负弯矩包络图范围并不宜小于梁高的 4 倍。

②墩顶连续构造处顶面应设置一定数量的防裂钢筋,新老混凝土结合面应设置一定数量抗剪钢筋。墩顶两端横隔板间宜现浇形成整体横梁,混凝土强度应高于原梁一个等级,并采取措施做好桥面防水。

③墩顶宜采用新设单支座。确需保留双排支座形式时,应对柱承载力进行计算。

④连续钢筋或预应力钢束具体构造按现行《公路钢筋混凝土及预应力混凝土桥涵设计规范》(JTG 3362)有关规定执行。

3.8.4 加固效果

改变结构体系加固能够显著改善结构的受力性能,提高结构的承载能力和稳定性。具体而言,它可以通过以下方式实现:

减小结构的变形和裂缝:通过改变结构体系,使结构受力更加合理,从而减小结构的变形和裂缝,提高结构的耐久性。

提高结构的承载能力:通过增加支撑、改变梁板布置等方法,增加结构的截面面积和刚度,提高结构的承载能力。

增强结构的整体稳定性:通过增设预应力结构、引入耗能减振装置等措施,增强结构的整体稳定性和抗震性能。

3.8.5 注意事项

在进行改变结构体系加固时,需要注意以下几点:

(1)在实施主、被动加固相结合的加固方法时,需要充分考虑结构的实际情况和加固需求,选择合适的加固技术和材料。

(2)充分了解原有结构的受力状态和存在的问题,确保加固方案的科学性和有效性。

(3)严格遵守相关规范和标准,确保加固工程的质量和安全性。

(4)综合考虑加固工程的经济性和可行性,选择最优的加固方案。

(5)加强施工管理和质量监控,确保加固工程的顺利实施和完成。

3.9 主、被动加固相结合方法

主、被动加固相结合的方法是在桥梁或其他结构加固工程中,同时或顺序应用主动加固和被动加固技术,以达到最佳的加固效果。主动加固通过预应力等手段改善结构的受力状态,而被动加固则通过增加结构材料的强度或改变结构形式来提高承载能力。

4 现浇混凝土连续梁桥维修加固工艺

4.1 施加体外预应力钢束加固工艺

1) 前期准备阶段

(1) 结构评估和强度计算:对桥梁结构进行详细评估,包括现有强度、裂缝状况、挠度等参数,以确定需要加固的部位和加固方案。

(2) 设计方案确定:根据结构评估结果,选择预应力钢束的规格、数量和布置方案,并制定详细的施工图纸和施工方案。

2) 预应力筋加工制作

(1) 预应力筋的下料长度应通过计算确定。计算时需综合考虑孔道长度、锚具长度、千斤顶长度、张拉伸长值和混凝土压缩变形量,以及不同张拉方法和锚固形式预留的张拉长度等因素。

(2) 预应力筋在制作或组装时,应使用砂轮锯或切断机进行切断;不得采用加热、焊接或电弧切割,并应避免电火花和电流对预应力筋的损伤。

(3) 钢绞线使用挤压锚具时,挤压施工前应在挤压模内腔或挤压套外表面涂润滑油,压力表的读数应符合产品操作说明书的规定。

3) 转向块、锚固块安装

(1) 在固定转向块和锚固块时,束形控制点的设计曲线竖向位置偏差应符合表4-1的规定;转向块曲率半径和转向导管半径的偏差均不应超过相应半径的±5%。

束形控制点的设计曲线竖向位置允许偏差表　　表4-1

截面高度(mm)	$h \leqslant 300$	$300 < h \leqslant 1500$	$h > 1500$
允许偏差(mm)	±5	±10	±15

(2) 转向块和锚固块与现有结构的连接可采用结构加固用 A 级植筋胶、化学锚栓、膨胀螺栓等,施工技术应符合《混凝土结构后锚固技术规程》(JGJ 145—2013)的规定。

4) 植筋施工

(1) 钻孔。

钻孔宜采用冲击电锤,也可用水钻成孔,一般钻孔直径为 $d + (4 \sim 8)$ mm,钻孔深度为 $15d$ (d 为钻孔直径),均能保证所植钢筋达到屈服直至拔断。

(2) 清孔。

钻孔完成后进行清孔,首先用洁净无油的压缩空气或手动吹气筒清除孔内粉尘,然后用毛刷进行清孔,反复进行3次清理。

(3) 钢筋处理。

对于钢筋的锈蚀部分,应用砂纸先打磨除锈,直至露出金属光泽为止。钢筋锚固部分用丙酮清洗干净。

(4)注胶。

将植筋胶放入专用的植筋胶枪中,注入孔中,并排出气泡,以确保胶层充实。植筋胶注胶量以插入钢筋后有少量胶液溢出为宜。

注胶完成后应在25min内尽快完成植筋,避免错过胶体可操作时间。

(5)植筋。

将钢筋插入注有植筋胶的孔内,放入时缓慢转动钢筋,确保插入到孔底。要让钢筋与水泥混凝土面保持垂直,同时尽量使钢筋处于孔的中心位置,以确保植筋胶均匀包裹钢筋。

(6)固化养护。

注射式植筋胶在常温、低温下均可正常固化。环境温度在15~25℃时需要24h可完全固化;环境温度在-5~0℃时需要72h可完全固化。

5)体外预应力索施工

(1)索体下料。

①体外索在水平方向上位于同一平面,根据梁长和加固位置计算整根索的长度。

②实际索长应比计算索长稍长,需要考虑索体自重产生的挠曲影响和牵引需要的长度,计算出索体的下料长度。

③体外索下料在现场进行。

④钢绞线下料后,根据锚具和预埋筒尺寸剥除外HDPE层,并清洗干净油脂。牵引端将钢绞线外6根钢丝切除14cm,保留中心1根钢丝并使钢丝镦头便于穿索。

(2)体外索穿索。

①孔道清理:浇筑齿板混凝土时,部分管内可能有水泥浆或杂物进入,需要清理孔道,确保每个孔道顺畅。

②张拉设备准备:将张拉设备千斤顶及油泵准备好并试机,检查设备并确保运行正常,同时将体外索两端锚具准备到位。

③体外索穿束。

为防止钢绞线打绞,在穿束前对各位置进行统一穿束顺序编号。将在现场下好料的环氧喷涂钢绞线中抽出一根钢绞线头,牵引至体外索孔道处,从锚垫板穿入,依次通过预埋筒、磁通量传感器、防震块,最后进入另一端锚固区内预埋筒,由该端锚垫板穿出,将穿入端无黏结筋外露长度留够整体张拉时所需的工作长度,安装好锚具。穿出端安装好锚具、单根张拉支座,然后用千斤顶进行单根预紧,预紧力15%δ_{con}。第二根钢绞线从穿入端工作锚板相应孔位穿入,经过与第一根同样的路线,最后从穿出端工作锚板相应孔位穿出,以同样的张拉力将该钢绞线预紧好,重复以上工序,直至该束索穿束完成。

④体外索安装时注意事项。

穿索时注意防止钢绞线打绞,并注意避免施工过程中损伤 HDPE 层;

施工时应在钢绞线下设置保护措施。同时在预埋管口处涂抹退锚灵,避免索体刮伤。

6)预应力张拉施工

(1)为确保每根钢绞线的应力满足设计要求,保证索力均匀度控制在2%范围内,张拉时要按照规范进行,严格控制施工质量,做好张拉记录。

(2)第一根安装传感器的钢绞线张拉力按设计索力的平均值乘以计算的超张系数来确定。

(3)单根体外索线索力均匀性控制是平行钢绞线拉索制作、安装的关键,宜采用等张拉力法控制,把传感器安装在张拉端第1根钢绞线上,以后每根钢绞线的张拉力按传感器变化情况进行控制。

(4)单根压力传感器的安装顺序为:传感器支座→传感器→单孔工具锚→夹片。传感体通过导线与显示仪相连,从显示仪中读取压力变化值。挂索完成后拆除传感器。

(5)单根绞线张拉及索力的均匀性控制采用等值张拉法进行,其原理是在安装第一根绞线时,在锚具端头安装一个测力传感器,当第一根绞线张拉锁定后,传感器读数即反映了此绞线的张拉力。当第二根绞线安装张拉时,第一根绞线张力因结构变形而降低。当第二根绞线张拉力与传感器示值相等时,将第二根绞线进行锁定,以此类推直至该索号的绞线全部安装完毕。

7)张拉工艺要点

(1)安装千斤顶;

(2)加载至单根绞线设计应力的15%时测量伸长值;

(3)用压力表读数控制最后一级张拉力,使之与传感器显示值相对应,测量终止伸长值。装好夹片,适度打紧,卸压至2MPa时测量回缩值后锚固。张拉结束后拆除传感器,并按照传感器拆除时的读数再进行补张拉。

(4)在单根张拉完每一根绞线后,应严格控制工作夹片的跟进平整度。

(5)单根张拉时,两端均衡加载,伸长值的不均匀值应控制在设计规定的范围内。

8)张拉应力控制

体外索采用应力控制方法张拉时,以伸长值进行校核,实际伸长值与理论伸长值差值应符合设计要求。设计无规定时,差值控制在±6%以内,否则暂停张拉,查明原因并采取措施后继续张拉。

体外索张拉时,伸长值从初应力时开始量测。索的实际伸长值除了量测的伸长值外,必须加上初应力以下的推算伸长值。

9)防护面层

体外预应力加固施工质量检验完成后,应按照设计要求进行面层防护处理。当体外预应力筋采用成品索时,可不采取额外的防腐措施。

10)减振装置安装

(1)车辆通行等因素会引起结构与体外索的振动,若两者振动频率相近,可能引起共振现象,危及结构安全。需在适当距离安装减振装置,调整索体自由段的振动频率,避免产生共振。

(2)按照图纸要求在指定位置安装减振器及减振支架。

(3)为保证预埋钢板与 T 梁梁体接触密实,需注浆施工。打入膨胀螺栓前应确定梁体内钢束位置,避免损伤箱梁内部结构。

(4)减振器安装施工时,确保减振器端面与 PVC 护套管紧贴,减振器索夹内钢绞线排成六边形并拧紧螺栓以保证夹持效果。

(5)减振器钢支架安装完成后,将钢支架与预埋板双面焊接,焊接过程中在下方 PVC 护套管上覆盖防火布,以防焊接高温碎末灼伤护套管。

4.2 粘贴钢板工艺

1)前期准备

设计方案确定:根据结构评估结果,确定需要加固的部位和加固方案,包括钢板的规格、数量和布置位置。

施工材料准备:准备所需的钢板、胶黏剂、夹具等材料和施工工具。

2)加固构件结合面处理

(1)对很旧很脏的混凝土构件的粘合面,应先用硬毛刷蘸高效洗涤剂,刷除表面油垢污物后用冷水冲洗,再对粘合面进行打磨、除去 2~3mm 厚表层,直至完全露出新鲜面,并用压缩空气除去粉尘。处理后,若表面严重凹凸不平,可用环氧树脂砂浆修补。

(2)如果混凝土表面不是很脏很旧,则可直接对粘合面进行打磨,去掉 1~2mm 厚表层,用压缩空气除去粉尘,用棉花蘸丙酮擦拭表面。

(3)对于新混凝土粘合面,先用角磨机将粘合面磨平,再用钢丝刷将表面松散浮渣刷去,用棉花蘸丙酮擦拭表面。

(4)对于龄期在 3 个月以内,或湿度较大的混凝土构件,粘钢前尚须人工进行干燥处理。

3)钢板粘合面处理

(1)如钢板未生锈或轻微锈蚀,可用喷砂、砂布或平砂轮打磨,直至出现金属光泽。打磨粗糙度越大越好,打磨纹路尽量与钢板受力方向垂直。然后用脱脂棉花蘸丙酮擦拭干净。

（2）如钢板锈蚀严重，须先用适度盐酸浸泡20min，使锈层脱落，再用石灰水冲洗，中和酸离子，最后用平砂轮打磨出纹道，再用丙酮擦拭干净。

4）卸荷

为了减轻粘贴钢板的应力、应变滞后现象，粘贴钢板及胶液固化期间应封闭交通。

5）配胶

黏结剂中最常用的是环氧类黏结剂。环氧类黏结剂分为甲、乙两组，使用前应进行现场质量检验，合格后方能使用。

6）粘贴

黏结剂配制好后，用抹刀同时涂抹在已处理好的混凝土表面和钢板上，厚度1~3mm，中间厚边缘薄。然后将钢板贴于预定位置，若是立面粘贴，为防止流淌，可加一层脱蜡玻璃丝布。粘好钢板后，用手锤沿粘贴面轻轻敲击钢板，如无空洞声，表示已粘贴密实，否则应剥下钢板补胶，重新粘贴。

7）固定与加压

钢板粘贴好后立即用特制U形夹具夹紧或用木杆顶撑，压力保持为0.05~0.1MPa，以使胶液刚从钢板边缝挤出为临界点。若用膨胀螺栓固定，膨胀螺栓一般是钢板的永久附加锚固，其埋设孔洞应与钢板一同于涂胶前钻成。

8）固化

环氧类黏结剂在常温下固化，保持在20℃以上，24h即可拆除夹具或支撑，若低于15℃，应采用人工加温，一般用红外线灯加热。固化期间不得对钢板有任何扰动。

4.3 粘贴碳纤维板工艺

1）前期准备

（1）设计审查：根据工程需要和设计要求，明确碳纤维板的规格、数量、布置位置及加固目的。

（2）材料准备：准备碳纤维板、专用黏合剂、表面处理材料、施工工具等。

2）基底处理

（1）清理表面：使用砂纸、钢丝刷等工具清理混凝土或其他基底表面的杂质、油污、松散层等，确保表面干燥、平整、无浮尘。

（2）打磨处理：使用角磨机对基底表面进行打磨，去除1~2mm的表层，使表面更加光滑，有利于黏合剂的附着。

（3）倒角处理：对于混凝土构件的转角处，应进行倒角处理，磨出半径不小于20mm的圆弧，以减少应力集中。

(4)干燥和清洁:用压缩空气吹净浮尘,最后用棉布蘸丙酮或甲苯拭净表面,待完全干燥后备用。

3)碳纤维板处理

(1)裁剪:按照设计要求,使用锋利刀具裁剪碳纤维板,确保尺寸准确,边缘整齐。

(2)表面处理:如需要,对碳纤维板表面进行适当处理,如打磨、清洁等,以提高黏合剂与碳纤维板的黏结力。

4)黏合剂配置与涂布

(1)黏合剂配置:按照产品说明书或设计要求,将黏合剂A、B两组分分别搅拌均匀,然后按照配合比混合,注意搅拌方向应一致,避免混入空气中形成气泡。

(2)涂布:使用毛刷、刮板等工具将黏合剂均匀涂布在基底表面和碳纤维板背面,确保涂布厚度均匀、无遗漏。

5)粘贴碳纤维板

(1)粘贴:将涂有黏合剂的碳纤维板准确粘贴在预处理好的基底上,确保碳纤维布紧密贴附在结构表面,无气泡或皱褶。

(2)压实:使用专门的工具(如滚筒、刮板等)对碳纤维板进行压实,确保其与基底之间的黏合剂充分接触,提高黏结强度。

6)固化养护

(1)固化:根据黏合剂的产品说明书或设计要求,等待黏合剂固化。固化时间受环境温度、湿度等因素影响,需根据实际情况调整。

(2)养护:在固化期间,避免对碳纤维板施加外力或进行其他可能影响其黏结效果的操作。固化完成后,可进行必要的后处理(如修整、打磨等)。

7)质量检验

(1)外观检查:检查碳纤维板是否平整、无气泡、无皱褶等缺陷。

(2)黏结力测试:如有需要,可进行黏结力测试,确保碳纤维板与基底之间的黏结力符合设计要求。

通过以上步骤的精确操作,可以确保粘贴碳纤维板工艺的质量,提高结构的承载能力和抗震性能。同时,在施工过程中需注意安全操作,避免碳纤维布弹起等意外情况的发生。

4.4 预应力碳纤维加固工艺

预应力碳纤维加固工艺是一种主动加固技术,它通过对碳纤维板施加预应力,并将其粘贴、锚固在需要加固的构件上,以提高构件的承载能力和改善其受力性能。以下是预应力碳纤维加固工艺的主要步骤和要点：

1）施工准备

材料准备：准备预应力碳纤维板、环氧结构胶、刚性锚具、高强螺杆、垫片、螺母、挡块、千斤顶等施工所需材料。确保所有材料的质量符合相关标准和设计要求；设备准备：准备施工所需的钻孔机、打磨机、张拉设备等工具和设备，并检查其性能和状态是否良好；现场勘查：对需要加固的构件进行现场勘查，了解其结构形式、受力状况、裂缝分布等情况，为制定施工方案提供依据。

2）施工步骤

（1）定位放线：根据设计方案，在构件上精确画出碳纤维板的粘贴位置和锚具的安装位置。

（2）表面处理：对构件表面进行打磨、清理等处理，去除表面的油污、浮浆、疏松层等杂质，确保粘贴面平整、干燥、无粉尘。对于梁凹陷处，还需涂抹找平胶进行找平。

（3）钻孔植筋：在构件上按照设计要求钻孔，并植入高强化学螺栓或机械锚栓作为固定点。锚栓的等级应不低于8.8级，以确保其承载能力。

（4）安装支座：在构件上安装支座，用于支撑和固定碳纤维板。支座的位置和数量应根据设计方案确定。

（5）涂抹碳板胶黏剂：在碳纤维板表面均匀涂抹环氧结构胶，确保胶黏剂能够充分浸润碳纤维板并与其形成可靠的黏结。

（6）安装碳板和压条：将碳纤维板按照设计要求粘贴在构件上，并使用压条将其固定。在粘贴过程中，应确保碳纤维板与构件表面紧密贴合，无空鼓、气泡等现象。

（7）张拉预应力碳板：使用张拉设备对碳纤维板进行张拉，使其产生一定的预应力。张拉应分级进行，同时需检测张拉端锚具行程位移是否满足理论伸长量的要求。张拉完成后，应使用夹具将碳纤维板夹紧在锚具上，并保持一定的预应力。

（8）喷涂表层防护涂料：在碳纤维板表面喷涂防火、防腐等防护涂料，以提高其耐久性和耐腐蚀性。

3）施工要点

（1）精确定位：在施工过程中，应确保碳纤维板、锚具等材料的安装位置精确无误，以保证加固效果。

（2）严格控制质量：在施工过程中，应严格控制材料质量、施工质量等各个环节，确保加固效果符合设计要求。

（3）注意安全：在施工过程中，应严格遵守安全操作规程，确保施工人员的人身安全。特别是在张拉过程中，应做好防护措施，防止张拉设备突然失效或碳纤维板断裂等意外情况发生。

4)适用范围

预应力碳纤维加固工艺适用于多种类型的构件加固,如梁、板、柱等受弯构件和受拉构件。它特别适用于大跨度结构加固、板抗弯加固、控制裂缝加固等场景。

4.5 裂缝处治工艺

4.5.1 裂缝表面封闭工艺

1)前期准备

(1)裂缝评估:

①确定裂缝的位置、长度、宽度及深度。

②分析裂缝成因及对结构的影响。

(2)材料准备:

①根据裂缝的宽度和深度,选择适合的封闭材料,如改性环氧胶泥、改性环氧树脂浆液等。

②准备施工工具,如钢丝刷、砂轮机、吹风机、抹刀、油灰刀等。

2)裂缝处理

(1)裂缝清理:

使用钢丝刷、砂轮机或高压水枪等工具清除裂缝内的灰尘、油污、松散混凝土和其他杂质。确保裂缝干燥、清洁。

(2)裂缝表面处理:

①对于宽度小于 0.15mm 的裂缝,可以直接进行表面处理。

②对于宽度较大的裂缝(如大于0.3mm),可以使用角磨机沿裂缝方向开 V 形槽,槽宽与槽深根据裂缝深度确定。

③使用毛刷和压缩空气清除 V 形槽内的碎屑和粉尘。

3)裂缝封闭

(1)配胶:

①按照修补胶的说明书,按比例混合 A 胶和 B 胶,搅拌至颜色均匀。

②注意一次配胶量不宜过多,通常在 40~50min 内用完为宜。

(2)封缝:

①对于直接封闭的裂缝,使用抹刀或油灰刀将修补胶均匀涂抹在裂缝表面,确保胶层厚度均匀、无气泡。

②对于开 V 形槽的裂缝,将配置好的修补胶用油灰刀刮入槽内,确保修补胶填满槽

内并略高于槽边。

(3)固化:

①封缝结束后,在规定的时间内(如24h内)不得扰动槽内胶体。

②等待修补胶完全固化,根据修补胶的说明和环境条件确定时间。

4)后期处理

(1)表面修饰:

待修补胶完全固化后,根据需要进行表面修饰,如打磨、涂刷等,以保证表面平整、美观。

(2)质量检查:

①对封闭的裂缝进行检查,确保裂缝已被完全封闭,无遗漏。

②如有必要,进行进一步的测试,如敲击听音、压力测试等,以评估封闭效果。

5)注意事项

(1)施工环境:确保施工环境干燥、无尘,温度、湿度适宜。

(2)材料存储:修补胶等材料应存放在干燥、阴凉处,避免阳光直射和高温。

(3)施工安全:施工过程中注意个人安全,佩戴防护眼镜、手套等防护用品。

4.5.2 裂缝压力灌注法工艺

裂缝压力灌注法工艺是一种有效的混凝土裂缝处理技术,主要用于恢复混凝土结构的完整性和耐久性。以下是该工艺的详细步骤和要点:

1)前期准备

(1)裂缝评估:

①评估裂缝的位置、长度、宽度和深度,确定是否适合采用压力灌注法进行处理。

②分析裂缝成因及对结构的影响,为后续的修补工作提供依据。

(2)材料准备:

①选择适合的裂缝灌注材料,如改性环氧树脂、聚氨酯等,确保材料满足安全性能指标,如固化后收缩性小、固化时间可控制等。

②准备施工所需的工具和设备,如注浆机、注浆管、注浆嘴、钢丝刷、吹风机等。

2)裂缝处理

(1)裂缝清理:

使用钢丝刷、吹风机等工具清除裂缝表面的灰尘、油污、松散混凝土等杂质。沿裂缝两侧20~30mm的区域进行擦洗,保持裂缝及其周围的干燥和清洁。

(2)布嘴设计:

①根据裂缝的宽度和长度,设计合理的布嘴图。

②原则上沿缝长每30~40cm布置一个灌胶嘴,宽缝稀布,窄缝密布。

③确保每道裂缝至少有一个进浆口和一个排气孔。

3)裂缝封闭

(1)粘贴注浆嘴：

①在灌胶嘴的底盘上涂抹一层厚约2mm的环氧树脂胶泥。

②将灌浆嘴的进胶孔骑缝粘贴在裂缝的位置上,并适当用力下压,使底部黏结胶充分接触裂缝表面。

(2)环氧封闭带施工：

①使用环氧浆液对已处理过的裂缝(除孔眼及注胶口外)表面进行封闭。

②封闭带的宽度为3~5cm,即将裂缝表面封闭。

③涂刷封闭胶体时,务必确保灌胶嘴四周全部涂刷1~2遍,避免在灌注过程中灌胶嘴四周漏胶。

(3)封闭带硬化与检查：

①环氧封闭带硬化后(温度≥15℃需要1d,温度<15℃需要2d),进行压气试验以检查封闭带是否封严。

②通过灌浆嘴通入压缩气体,气压控制在0.2~0.4MPa。

③在封闭带上及注胶口周围涂上肥皂水,如发现通气后封闭带上有气泡出现,说明该部位漏气,需对漏气部位进行再次封闭。

4)压力灌注

(1)连接注浆设备：

将注浆机与注浆管、注浆嘴等连接好,确保连接紧密,不能漏气。

(2)注浆操作：

①灌胶的顺序是从每条裂缝的第一个注胶嘴开始,待相邻的灌胶嘴出胶后,关闭注胶胶管的泵门,再向后面的注胶嘴注胶。

②按照这一方法循环压胶,直至完成所有裂缝的灌注。

③在灌注过程中,必须保持稳定的压力,并慢慢将胶体注入裂缝中。

(3)注浆结束与检查：

①当吸浆率小于0.1L/min时,再续灌5~10min后即可停止灌浆。

②检查注浆嘴是否已全部封闭,确保无胶液外渗。

5)后期处理

(1)表面修饰：

待胶体完全固化后,根据需要进行表面修饰,如打磨、涂刷等,以保证表面平整、美观。

(2)质量检查：

①对修补后的裂缝进行检查,确保裂缝已被完全封闭,无遗漏。

②如有必要,进行进一步的测试,如敲击听音、压力测试等,以评估修补效果。

4.6 混凝土破损及露筋处理工艺

1)混凝土破损处理

(1)破损评估:

评估破损的位置、面积、深度以及破损类型(如蜂窝、麻面、集料外露、剥蚀脱落、机械破碎等)。

(2)破损清理:

使用钢丝清刷、人工凿除、风镐凿除、机械切割等方法清除破损层,确保破损区域清洁、干燥。

(3)修补材料准备:

根据破损情况选择合适的修补材料,如砂浆、混凝土、环氧材料等。

(4)修补方法:

①涂抹覆盖法:将修补材料涂抹在破损的混凝土表面,封闭表面并等待材料固化。

②增加水泥砂浆层:在破损位置增加一层水泥砂浆,用以修补损坏的混凝土。

③压涂环氧胶泥胶:对于破损数量不多、面积不集中的情况,可以采用压涂环氧胶泥胶进行修复。

④表面缝合:在裂缝两边钻孔或打槽,放入 U 形钢筋并用环氧树脂灌入槽中,等待固定后修复。

(5)修补后养护:

对修补位置进行跟踪养护,避免修补材料因干缩而出现脱落、起砂等现象。

2)露筋处理

(1)露筋评估:

评估露筋的位置、深度以及原因(如保护层垫块位移、石子卡住钢筋等)。

(2)露筋清理:

①使用小钢钎清理露筋位置周边的石子、水泥砂浆等,并用钢丝刷除钢筋上的锈迹。

②使用清水冲洗干净露筋位置和周边区域,并保持充分湿润。

(3)修补材料准备:

①对于浅露筋,根据1∶2的比例将水和水泥搅拌成砂浆。

②对于深露筋,准备细石混凝土,并根据需要添加微膨胀剂。

(4)露筋修补:

①浅露筋:将砂浆涂抹在钢筋裸露的表面上,并确保混凝土表面保持干燥。

②深露筋:使用细石混凝土对钢筋裸露位置进行修补,并确保混凝土表面干燥。

(5)修补后养护:

对修补位置进行跟踪养护,避免修补材料因干缩而出现脱落、起砂等现象,或细石混凝土出现强度不足、干裂等现象。

(6)预防措施:

①在混凝土施工前,确保钢筋位置和保护层厚度正确,并加强检查。

②选择适当粒径的石子,保证混凝土配合比准确和具有良好的和易性。

③模板应充分湿润并认真堵好缝隙,混凝土振捣时严禁撞击钢筋。

4.7 纵向增设钢支撑加固工艺

1)施工前准备

(1)工程测量:进行详细的工程测量,确定需要加固的箱梁位置、尺寸以及钢支撑的具体布置位置和数量。

(2)材料准备:准备符合质量要求的钢材和支撑材料,包括钢管、钢板、钢筋等。

(3)设备准备:准备施工所需的设备和工具,如起重机、焊接设备、测量工具等。

2)钢支撑制作

(1)根据设计要求和施工图纸,进行钢支撑的制作。制作过程包括切割、加工、焊接等环节,确保支撑的质量和强度。

(2)钢支撑的制作应符合相关标准和规范,确保支撑的稳定性和安全性。

3)支撑安装

(1)确定支撑位置:根据设计图纸和工程要求,确定支撑的具体位置和数量。

(2)支撑安装:将制作好的钢支撑安装到指定位置,采用焊接或螺栓连接等方式与箱梁固定连接。安装过程中应确保支撑与箱梁的连接牢固可靠。

(3)支撑调整:根据实际情况进行支撑的调整,确保支撑的垂直度和水平度符合要求。

4)支撑加固

(1)加固设计:根据箱梁的结构特点和需要加固的部位,进行加固设计。设计过程包括计算支撑的强度和稳定性等参数。

(2)加固材料准备:准备好所需的加固材料,如钢板、钢筋等。

(3)加固施工:根据加固设计要求,将加固材料安装到支撑部位。施工过程中需要注意加固材料的固定和连接方式,确保加固效果和安全性。

5)施工质量控制

(1)施工过程监控:在施工过程中对施工现场进行监控和巡视,确保施工按照规范和要求进行。

(2)施工记录和检查:对施工过程进行记录和检查,包括施工质量、施工进度等方面的检查,及时发现和解决问题。

(3)施工验收:施工完成后进行施工质量的验收工作,确保加固效果符合设计要求。

6)注意事项

(1)在施工过程中应严格遵守安全规定和操作规程,确保施工人员和设备的安全。

(2)在进行钢支撑制作和安装过程中应注意材料的选用和质量控制,确保支撑的稳定性和安全性。

(3)在进行加固设计和施工过程中应充分考虑箱梁的结构特点和受力情况,确保加固效果符合设计要求。

4.8 墩顶增设钢盖梁加固工艺

1)加固前准备

(1)结构评估:对桥梁进行详细的检查和评估,确定加固的需求和范围。这包括检查桥梁的梁、支座、墩、基础等关键部位,评估其损伤程度和承载能力。

(2)设计方案:根据结构评估结果,设计加固方案。确定钢盖梁的尺寸、形状、材料等参数,以及加固的具体位置和方式。

(3)施工准备:采购所需的钢材、混凝土等材料,以及施工所需的设备和工具。制定详细的施工图纸和工艺要求,并进行技术交底和安全培训。

2)加固施工

(1)拆除原有结构:根据设计方案,拆除墩顶部分原有的混凝土或其他结构物,为增设钢盖梁提供空间。

(2)植入钢筋:在墩柱的顶部植入钢筋,这些钢筋将用于连接钢盖梁和墩柱。钢筋的植入位置和数量应根据设计方案确定。

(3)安装钢盖梁:将预制的钢盖梁吊装到墩顶,并与植入的钢筋进行连接。连接方式可以采用焊接、螺栓连接等,确保钢盖梁与墩柱之间的牢固连接。

(4)浇筑混凝土:在钢盖梁与墩柱之间浇筑混凝土,以进一步加强连接并提高整体承载能力。混凝土的浇筑应符合相关规范和设计要求。

(5)安装支座:在钢盖梁的顶部安装支座,这些支座将用于支撑桥梁的梁体。支座的类型和数量应根据桥梁的跨径和荷载确定。

3)加固后检测

(1)质量检测:对加固后的桥梁进行质量检测,包括钢盖梁的尺寸、形状、材料等方面的检测,以及连接处的焊接或螺栓连接质量的检测。

(2)承载能力测试:对加固后的桥梁进行承载能力测试,确保其承载能力满足设计要求。测试方法可以采用静载试验或动载试验等。

4)注意事项

(1)施工安全:在施工过程中,应严格遵守施工规范和操作规程,确保施工安全。同时,应加强施工现场管理,防止出现安全事故。

(2)质量保证:在材料采购、施工过程中应严格控制质量,确保加固效果和结构安全。

(3)环境保护:在施工过程中,应注意环境保护,减少对周围环境的影响。

4.9 独柱墩改薄壁墩抗倾覆改造工艺

1)前期准备

(1)项目评估。

①对桥梁独柱墩进行全面的结构评估,了解其承载能力和抗倾覆能力。

②根据评估结果,确定改造的必要性和可行性。

(2)设计方案。

①设计方案应明确改造的目标、范围、方法和步骤。

②根据桥梁的实际情况,选择合适的薄壁墩类型(如钢筋混凝土薄壁墩、双薄壁墩或V形墩)。

③设计方案中应包含详细的施工图纸、材料清单和施工工艺。

(3)材料准备。

①准备所需的钢筋、混凝土、模板、锚筋等材料。

②确保材料的质量和规格符合设计要求。

2)改造施工

(1)拆除与清理。

①拆除独柱墩上的老旧设施或损坏部分。

②清理墩柱表面,确保无浮尘、油污等杂质。

(2)钻孔与植筋。

①在墩柱上按照设计方案进行钻孔,孔径和孔深需满足设计要求。

②在孔内植入锚筋,确保锚筋与混凝土之间有足够的黏结力。

(3)模板安装。

①根据施工图纸,安装模板。模板通常由钢板制作,单节高度通常为5m。

②模板之间通过企口缝加高强螺栓连接,确保模板的稳定性和密封性。

(4)钢筋制作与安装。

①制作并安装墩柱的钢筋。钢筋采用钢筋直螺纹套筒连接,确保接头的质量和稳定性。

②在模板安装之前,完成钢筋的绑扎和安装工作。

(5)混凝土浇筑。

①在模板安装完成后,进行混凝土的浇筑工作。

②控制混凝土的坍落度和振捣质量,确保混凝土密实无空洞。

③浇筑过程中注意监测混凝土的温度和湿度,确保混凝土的质量。

(6)防腐涂装。

①在混凝土达到设计强度后,对墩柱进行防腐涂装处理。

②选择合适的防腐涂料和涂装工艺,确保涂层的质量和耐久性。

3)后期检查与维护

(1)质量检查。

①对改造后的桥梁进行全面检查,确保其符合设计要求和相关标准。

②重点关注钻孔、植筋、模板安装和混凝土浇筑等关键环节的质量。

(2)定期维护。

①定期对桥梁进行维护保养,检查墩柱、钢筋和混凝土等关键部位的状况。

②及时处理潜在问题,确保桥梁的安全和稳定。

4)注意事项

(1)施工安全。

①严格遵守安全操作规程,确保人员和设备的安全。

②设置必要的警示标志和隔离设施,防止非施工人员进入施工区域。

(2)质量控制。

①对施工过程中的关键环节进行严格控制,确保改造质量。

②定期对施工人员进行技术培训和质量意识教育。

(3)环境保护。

①在施工过程中注意环境保护,减少噪声、粉尘等污染物的排放。

②合理利用资源,减少浪费。

4.10 玻璃纤维套筒修复基桩工艺

1)工艺原理

该工艺主要通过使用玻璃纤维套筒与灌浆材料相结合,对受损的桩基进行加固修复。

玻璃纤维套筒具有高强度、耐腐蚀、耐磨损等特性,而灌浆材料则能够与原有桩基紧密结合,形成整体结构,从而提高桩基的承载能力和稳定性。

2)工艺步骤

(1)前期准备。

①对桥梁结构进行全面检查,确定需要修复的桩基位置和受损程度。

②准备所需的玻璃纤维套筒、灌浆材料、注浆机等设备和工具。

(2)桩基清理。

清除桩基表面的松散混凝土、锈蚀钢筋和其他杂质,确保修复面的清洁和光滑。

(3)安装玻璃纤维套筒。

①根据桩基的实际情况,选择合适的玻璃纤维套筒规格。

②通过束带、不锈钢自攻螺钉等方式将套筒固定在桩基的受损部位。

(4)注浆施工。

①将灌浆材料按照一定比例混合,搅拌均匀。

②使用注浆机将灌浆材料注入玻璃纤维套筒中,直至充满整个套筒。

③保持一定的浆体压力,确保灌浆材料与桩基紧密结合。

(5)固化处理。

①等待灌浆材料在一定时间内固化,使其与玻璃纤维套筒形成一个整体结构。

②固化时间根据灌浆材料的种类和现场条件而定,一般需要数小时至数天不等。

(6)后期检查与维护。

①对修复后的桩基进行全面检查,确保其符合设计要求和相关标准。

②定期对修复部位进行维护保养,检查是否有新的损伤或变形情况发生。

3)工艺特点

(1)适用范围广:该工艺适用于各种类型的现役桥梁桩基,无论是混凝土桩、木桩还是钢桩,都可以采用该工艺进行加固修复。

(2)施工简便:相较于传统的桩基加固方法,该工艺施工过程简单、快速,不需要拆除现有桥梁结构,减少了对交通的影响。

(3)施工费用低:玻璃纤维套筒与灌浆材料的成本相对较低,因此整个修复工程的费用也相对较低。

(4)防腐性能好:玻璃纤维套筒具有优异的耐腐蚀性能,能够有效抵抗海水、化学制剂等腐蚀介质的侵蚀。

(5)可水下施工:该工艺可以在水下进行施工,无须构筑围堰和进行排水,进一步降低了施工成本和难度。

4.11 钢套筒修复基桩工艺

1）工艺准备

（1）施工图纸复核：在施工前，需要对施工图纸进行复核计算，包括墩柱中心桩位、高程和坐标等内容，以确保设计准确无误。

（2）施工场地处理：对施工场地进行清表压实处理，使用现有的碎石土。同时，考虑施工场地内混凝土罐车、运输卡车及吊车通行的问题，根据设计要求设定合适的横坡和坡度，并采用土工布进行边坡防护等措施，确保场地平稳有序。

（3）开挖河槽：为降低钢围堰内水位，需要在下游侧距离桩基一定位置处开挖河槽，使渗水等从开挖的河槽流出。同时，为满足施工需要，还需顺桥向开挖河槽和泄水槽，以便更好地排水，保证施工顺利进行。

2）钢套筒制作与安装

（1）钢套筒制作：钢套筒一般由两个半圆形钢管构成，每节钢套筒长度根据施工需要确定。采用12mm（或其他合适厚度）的钢板进行加工制作，确保钢套筒的强度和耐久性。

（2）钢套筒安装：将制作好的钢套筒运至施工现场，根据设计图纸和现场实际情况进行安装。钢套筒应全面包裹桥梁旧桩，确保无遗漏和缝隙。

3）填充空隙

（1）材料准备：采用水下不离析混凝土或砂浆等材料填充桩与钢套筒之间的空隙。确保填充材料的质量符合设计要求。

（2）填充过程：通过注浆管或泵送等方式将填充材料注入桩与钢套筒之间的空隙中。填充过程中应注意控制注浆压力、注浆速度和注浆量等参数，确保填充材料能够充分填充空隙并达到设计强度。

4）质量控制与监测

（1）质量控制：在施工过程中应严格按照设计要求进行施工，并对每个施工环节进行质量控制。例如，对钢套筒的材质、尺寸和防腐处理等进行检查；对填充材料的配合比、坍落度和强度等进行检测。

（2）监测与评估：在施工过程中和加固完成后应对桥梁基桩进行监测与评估。通过测量桩身位移、应变等参数来评估加固效果，并根据监测结果及时调整施工方案或采取其他加固措施。

5 高速公路现浇混凝土连续梁桥维修加固工程实例

5.1 历史复杂现浇混凝土连续梁桥维修加固案例

5.1.1 某高速公路枢纽立交主线桥加固

本案例为(25+45+25)m 变截面预应力现浇箱梁的主桥增设体外预应力+增大腹板截面+粘贴碳纤维板加固。

5.1.1.1 项目概况

某高速公路枢纽立交主线桥，左、右幅分离式布置，单幅桥梁全长351.15m，分为四联，跨径组合 5×20m+4×20m+(25+45+25)m+4×20m，如图5-1所示。该桥于2005年建成，其中，左幅桥至今未通车，右幅桥于2006年通车至今。该桥主要技术标准如下：①地震基本烈度：Ⅵ度。②桥梁设计荷载：汽车—超20级，挂车—120。

主桥为部分预应力混凝土(A 类)连续箱梁桥，桥长95m，跨径组合为(25+45+25)m，桥宽17.5m。主梁为单箱双室截面，箱顶板宽17.5m，底板宽9.0m，采用C50混凝土。箱梁跨中及边跨现浇段梁高1.2m，箱梁墩顶梁高为2.2m，跨中至箱梁根部，箱梁高度以2次抛物线变化。箱梁边腹板厚度为40m、70cm，中腹板厚度为30cm、90cm。箱梁顶板除箱梁根部厚50cm 外，其余厚25cm。箱梁底板除箱梁根部厚65cm 外，其余箱梁底板厚从箱梁根部40cm 厚以2.0次抛物线变至跨中截面25cm 厚。10号、11号主墩采用双柱式墩，9号、12号过渡墩采用三柱式墩，钻孔灌注桩。主桥上部结构一般构造如图5-2所示。

主梁纵向预应力钢束设置腹板束、顶板束和底板束。腹板束采用$8\phi^s15.2$mm 及$15\phi^s15.2$mm 钢绞线、顶板束采用$19\phi^s15.2$mm 钢绞线，边跨底板束采用$8\phi^s15.2$mm 钢绞线，中跨底板束采用$15\phi^s15.2$mm 钢绞线，钢绞线强度标准值$f_{pk}=1860$MPa，钢绞线弹性模量$E_p=1.95\times10^5$MPa，锚下控制应力为1395MPa、1385MPa、1370MPa 和1360MPa。主梁横向预应力采用$4\phi^s15.2$mm 钢绞线，15-4扁锚体系，顺桥向0.8m 及0.82m 间距布置，$f_{pk}=1860$MPa，$E_p=1.95\times10^5$MPa，锚下控制应力为1310MPa、1350MPa。主桥纵、横向预应力钢束如图5-3~图5-7所示。

主桥采用支架现浇方法施工，主桥施工顺序采用逐孔施工，如图5-8所示，预应力钢束多为一端张拉，部分采用两端张拉，先张拉腹板钢束，后张拉底板钢束，腹板从高处束开始向低处顺序张拉，即先长束后短束，底板束张拉为先中间后两边。左右腹板束对称张拉，底板束以箱梁中心线为准对称张拉。

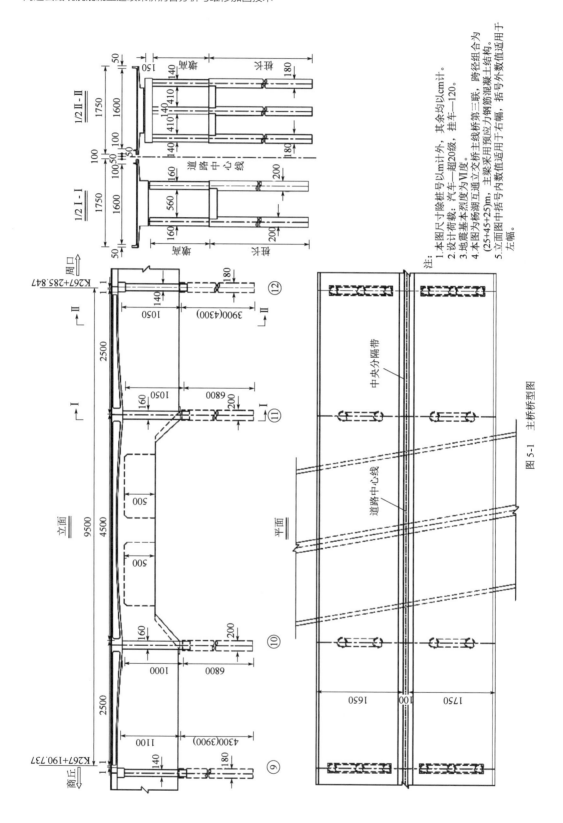

图 5-1 主桥桥型图

5 高速公路现浇混凝土连续梁桥维修加固工程实例

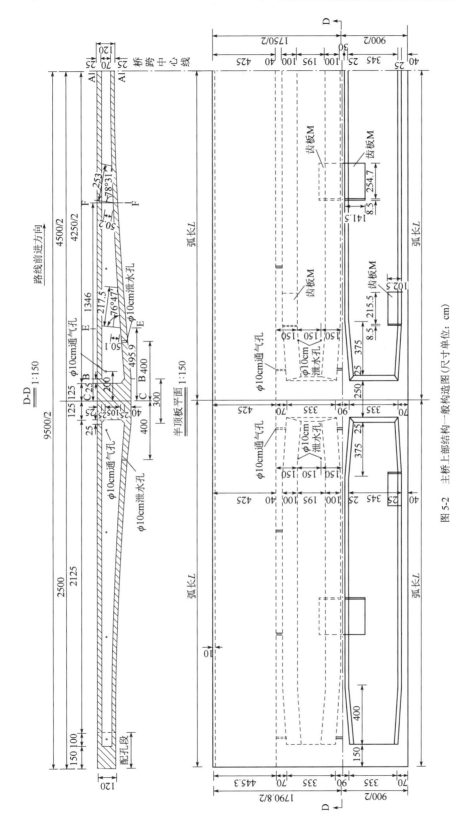

图 5-2 主桥上部结构一般构造图（尺寸单位：cm）

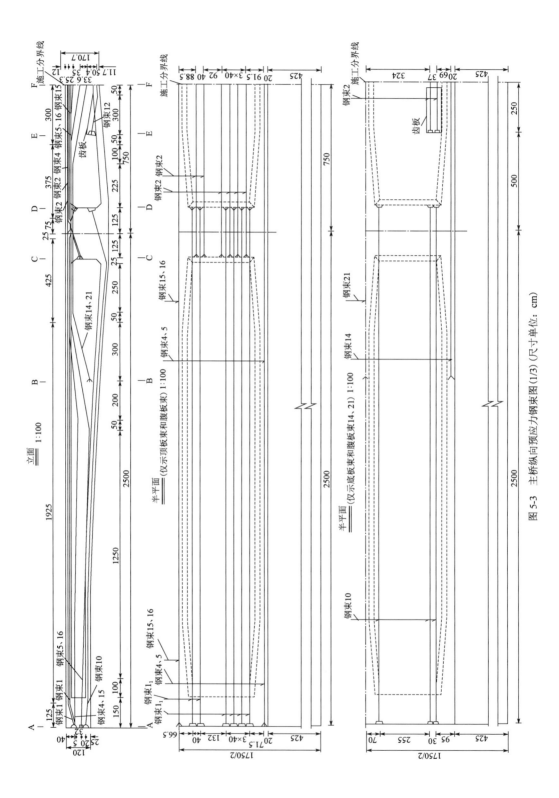

图 5-3 主桥纵向预应力钢束图(1/3)(尺寸单位: cm)

5 高速公路现浇混凝土连续梁桥维修加固工程实例

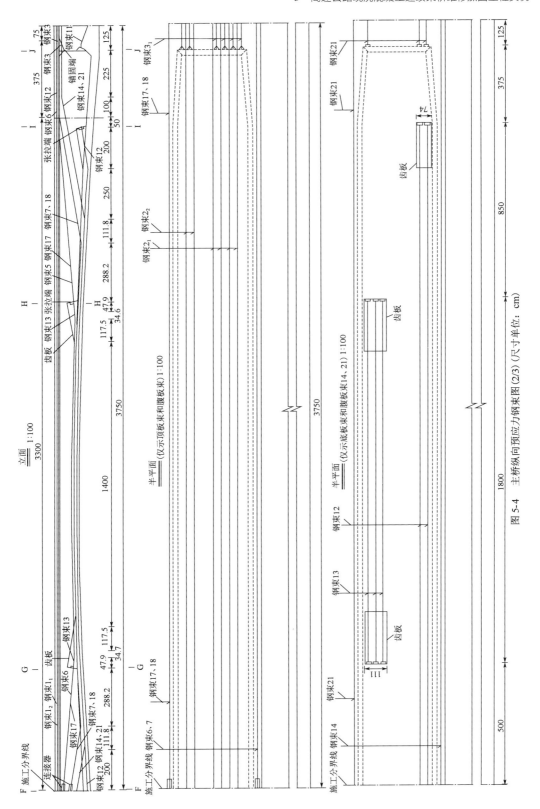

图 5-4 主桥纵向预应力钢束图 (2/3) (尺寸单位: cm)

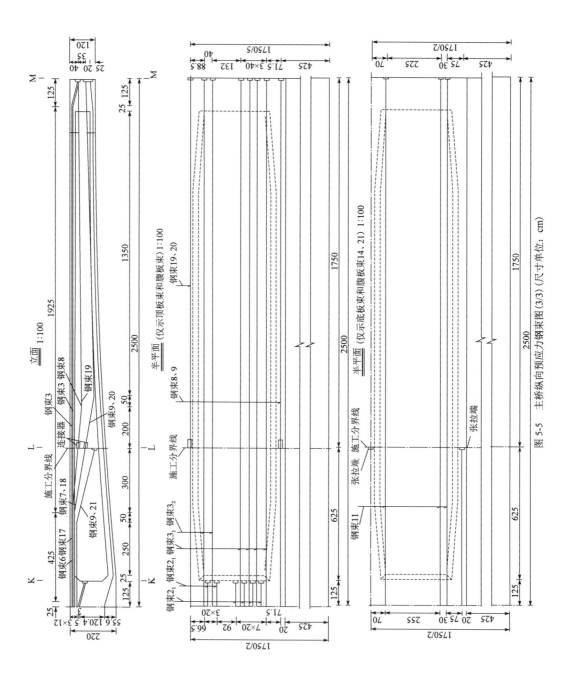

图 5-5 主桥纵向预应力钢束图(3/3) (尺寸单位: cm)

5 高速公路现浇混凝土连续梁桥维修加固工程实例

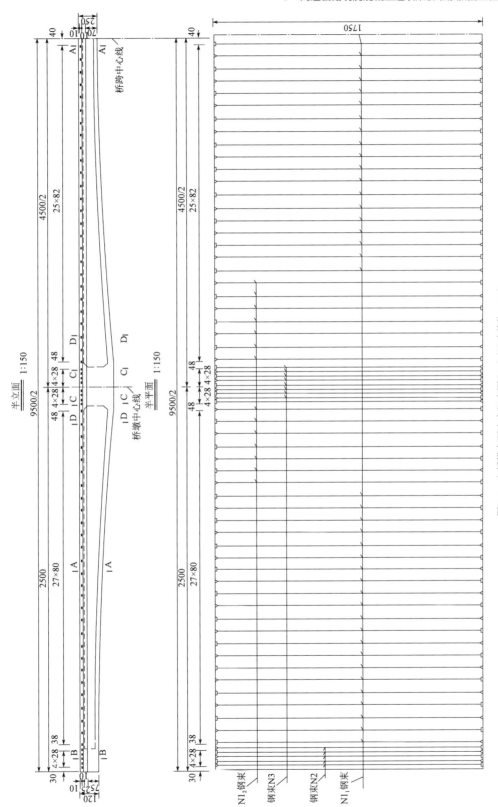

图 5-6 主桥横向预应力钢束图(1/2)(尺寸单位: cm)

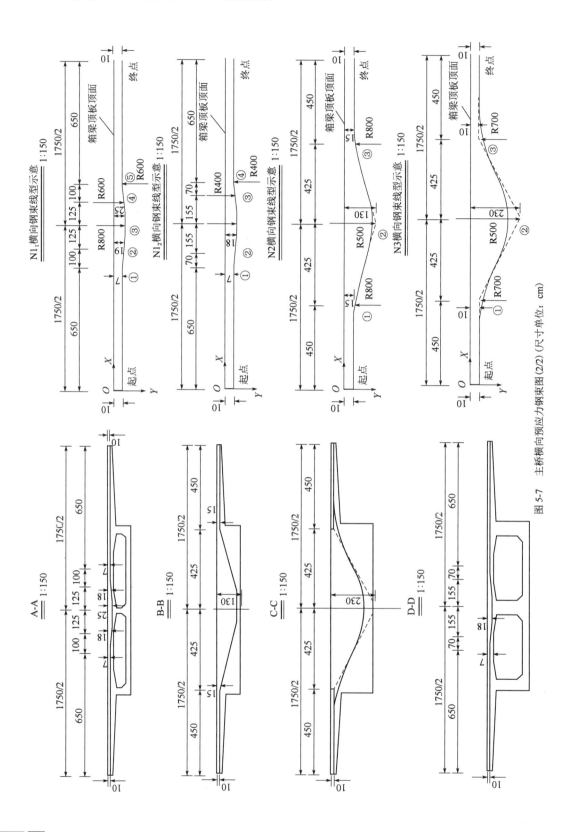

图 5-7 主桥横向预应力钢束图 (2/2) (尺寸单位：cm)

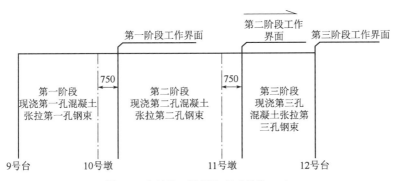

图 5-8 主桥施工顺序图(尺寸单位:cm)

5.1.1.2 桥梁检查历程

(1)2018年10月30日—11月5日,对该桥进行了特殊检查,检查主要结论如下:

①左、右幅技术状况评定均为4类。主要构件有大的缺损,严重影响桥梁使用功能,不能保证正常使用。

②该桥右幅两侧翼缘端部均有明显下挠,左幅两侧翼缘端部均未明显下挠。

③左、右幅中跨距离10号、11号墩中心线1350cm处左右,分别出现多道弧形裂缝,最大缝宽1.0mm,长4.5~9.8m,裂缝间距0.15~0.35m;腹板出现多道竖向裂缝,宽0.10~0.25mm,长0.3~0.5m;跨中底板出现1道横向裂缝。

(2)2019年4月对该桥进行了复核性检测、静载试验与结构评估,主要结论如下:

①主桥中跨箱梁底板存在开裂现象,横向弧形裂缝集中分布于距10号墩、11号墩10~13m范围内,且部分裂缝宽度超限;跨中范围存在数条细短横向裂缝;中跨跨中存在明显下挠现象,下挠值9.5~9.7cm。

②静载试验结果表明,边跨、跨中试验断面的应变校验系数较《公路桥梁荷载试验规程》(JTG/T J21-01—2015)要求的常值偏大,但校验系数均未超过1,说明桥梁基本满足设计使用要求,边跨、跨中试验断面承载能力安全储备较小。主要控制截面测点挠度校验系数均处于《公路桥梁荷载试验规程》(JTG/T J21-01—2015)要求的常值范围,说明该桥梁试验孔箱梁刚度符合设计要求。

5.1.1.3 上部承重构件检查结果

1)中跨底板混凝土开裂

主桥左、右幅中跨箱梁底板存在开裂现象,横向弧形裂缝集中分布于距10号墩、11号墩10~13m范围内,且部分裂缝宽度超限;跨中范围存在数条细短横向裂缝,如图5-9、图5-10所示。

2)中跨跨中下挠

根据主桥桥面线形测量结果,根据各测点实测结果连线与每跨墩顶测点实测结果连线弦弧差分析结果,左幅主跨跨中下挠约9.5cm,右幅桥主跨跨中下挠约9.7cm。

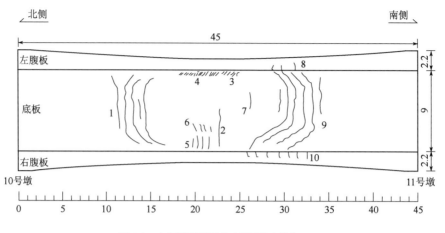

图 5-9　左幅底板裂缝分布图(尺寸单位:m)

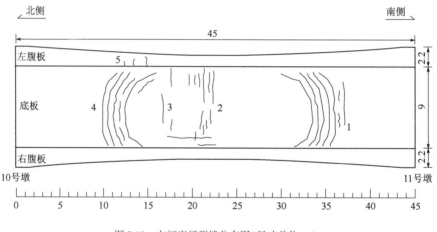

图 5-10　右幅底板裂缝分布图(尺寸单位:m)

5.1.1.4　桥梁技术状况评定

左、右幅技术状况评定均为 4 类。主要构件有大的缺损,严重影响桥梁使用功能,不能保证正常使用。

5.1.1.5　梁体病害分析验算

1)中跨底板弧形开裂

病害区域集中在主桥底板 13 号底板束锚固区域,同一断面锚固 6 束钢束。

通过对主梁 13 号底板束锚固区进行分析,发现在预应力锚固作用下,底板 13 号底板束锚固区主应力主要集中在 1.432~12.697MPa 之间,其中超限范围为 5.0m 左右,如图 5-11 所示。对比底板集中锚固钢束位置、底板开裂裂缝分布区域,底板锚固区应力超限区域基本与实际情况吻合,且该桥左、右幅病害基本一致,故可以认为底板混凝土开裂的主要原因为预应力集中锚固。

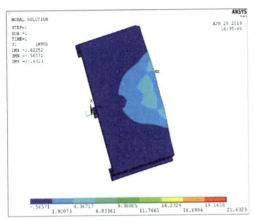 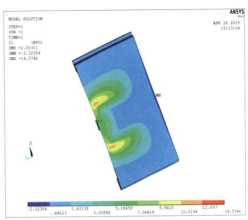

图 5-11 底板集中锚固区附近主应力图(单位:MPa)

2)中跨跨中下挠

主桥原结构最不利组合下最大变形值为 4.19cm;考虑中跨底板束预应力损失 10% 情况下,最不利组合下最大变形值为 4.43cm;在考虑中跨底板束预应力损失 20% 情况下;主桥最不利组合下最大变形值为 4.66cm,均小于桥梁实际左、右幅中跨跨中下挠值。综合分析,结构受力并非导致该桥梁下挠的主要因素。此现象应为其他因素所致,如桥梁施工时支架变形等。

5.1.1.6 加固设计内容及要点

1)加固设计思路

通过对本桥检测结果及验算评估结果分析,制定本桥加固设计思路及目标如下:

(1)恢复桥面线形,提升桥梁通行舒适度。

(2)新增预应力钢束以抵消增加的恒载和因各种损失及折减对结构产生的不利影响,同时改善结构的应力水平,应保证原结构在最不利工况下"应力包络"满足原设计及规范要求。

(3)结构局部加固,提高梁体抗弯承载能力安全储备,抑制裂缝发展。

(4)改善悬臂板根部的应力状况。

(5)对梁体已存在的裂缝进行灌浆、封闭处理;对混凝土破损、崩裂、蜂窝、露筋等缺陷进行修补。

2)加固设计内容

(1)主桥增设预应力。

在箱梁外侧增设 $12\phi^s15.2$ 预应力钢束,中跨两侧腹板各增加两束(共四束),边跨两侧腹板各增加一束(共两束),如图 5-12、图 5-13 所示。

(2)腹板加厚。

体外预应力张拉后,箱梁腹板外侧加厚 20~40cm 混凝土,将新增预应力钢束包裹至新增腹板内,如图 5-14、图 5-15 所示。同时,腹板加厚可以减少悬臂板的自由长度。

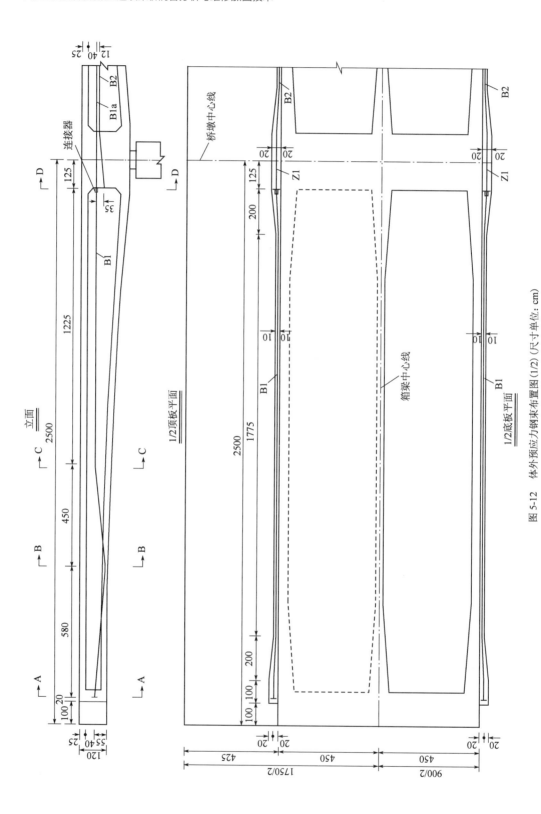

图 5-12 体外预应力钢束布置图(1/2)(尺寸单位:cm)

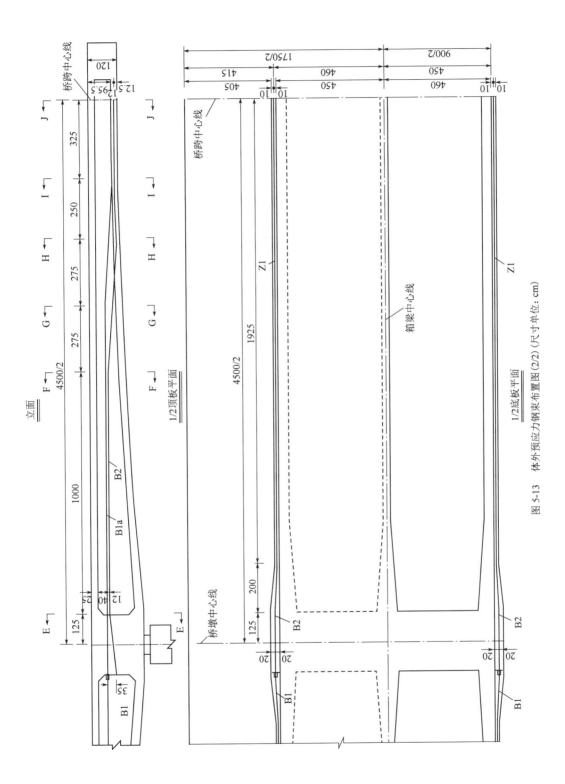

图 5-13 体外预应力钢束布置图 (2/2) (尺寸单位: cm)

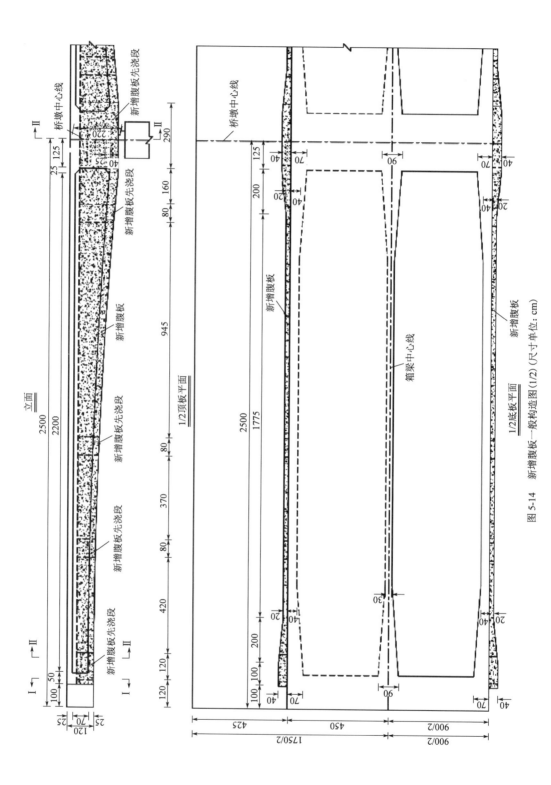

图 5-14 新增腹板一般构造图(1/2) (尺寸单位: cm)

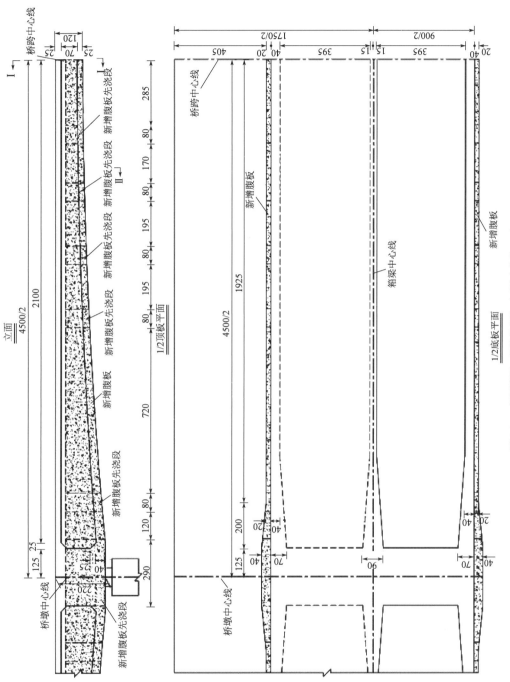

图 5-15 新增腹板一般构造图 (2/2) (尺寸单位: cm)

(3) 桥面铺装处理。

凿除原桥的桥面铺装,增设预应力及进行腹板加厚后,在箱梁顶板上植筋,并架设钢筋网,混凝土铺装层增设纵向(φ12)、横向(双肢φ16)普通钢筋,然后重新浇筑混凝土铺装层及沥青混凝土铺装层,如图5-16所示。通过植筋,增强新浇筑混凝土与原箱梁混凝土的连接,增加了箱梁的高度,改善了结构受力;通过新增横向钢筋,改善了悬臂板力学性能。

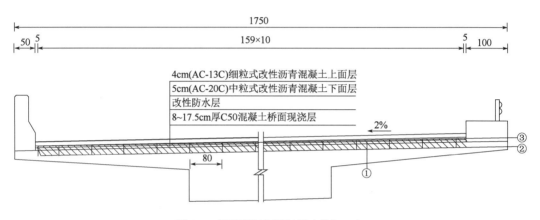

图5-16 桥面铺装更换图(尺寸单位:cm)

(4)梁底横向开裂区域粘贴碳纤维板。

针对梁底横向开裂区域,在梁底27.5m范围粘贴1.4mm厚10cm长的纵向碳纤维板,如图5-17、图5-18所示,抑制裂缝发展,提高梁体抗弯承载能力安全储备。

(5)常规病害、桥面系及附属设施病害修复措施。

①裂缝:裂缝宽度≥0.15mm的结构性裂缝采用压浆法进行修补;非结构性裂缝和宽度<0.15mm的裂缝采用封闭法进行修补。

②混凝土局部破损、蜂窝、空洞、崩裂:清理缺陷区域,露出坚实界面,用改性聚合物水泥砂浆修补。

③露筋锈蚀:清理露筋区域,对钢筋除锈,涂刷阻锈剂,采用改性聚合物水泥砂浆修补。

3)加固设计要点

(1)新增预应力钢束布置。

箱梁跨中梁高为1.2m,扣除顶、底板厚度仅为70cm,考虑到箱梁内部基本无操作空间,故将新增钢束布置于腹板外侧。为减小钢束过长且多次转向带来的预应力损失,该桥采用中跨预应力钢束与边跨预应力钢束分别张拉、锚固,中跨范围内体外束通长布设,两边跨范围内钢束通过连接器与中跨钢束连接。

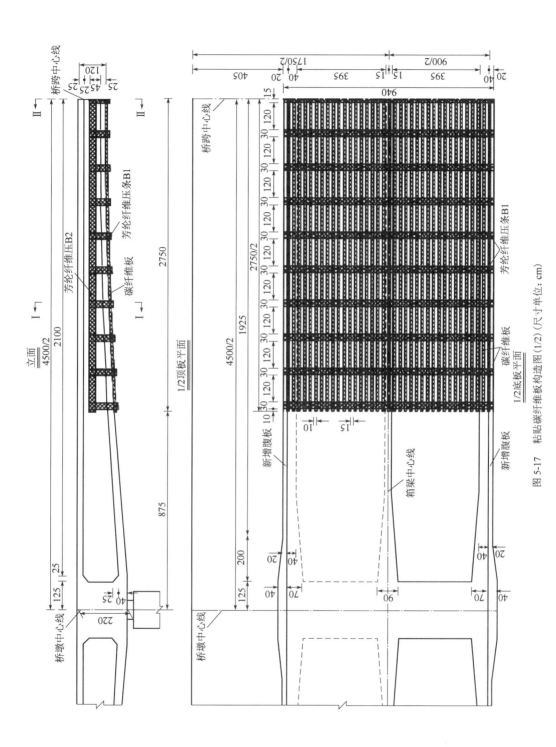

图 5-17 粘贴碳纤维板构造图 (1/2)（尺寸单位：cm）

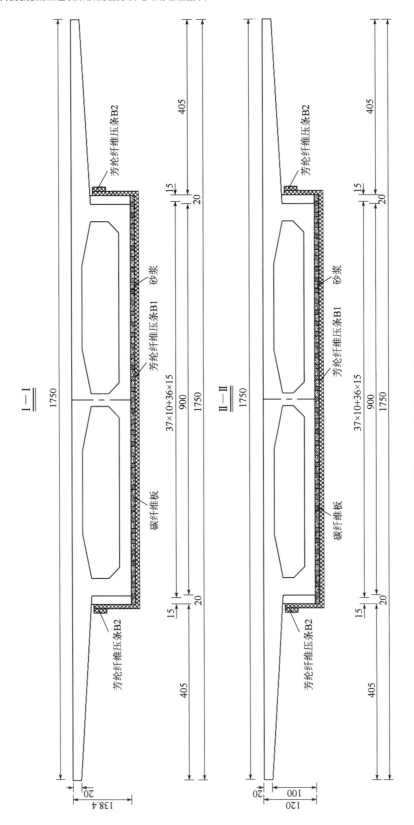

图 5-18 粘贴碳纤维板构造图(2/2)(尺寸单位：cm)

(2)体外预应力钢束用量设计。

根据桥梁结构现状考虑一定的预应力损失,按最不利情况进行组合。加固计算以原设计和调整后的最不利模型为"上限"和"下限"进行包络设计,控制体外预应力钢束用量,经过综合分析,本桥中跨跨中底板未出现典型受力裂缝,故设计考虑底板纵向预应力钢束有效预应力损失20%为桥梁现状"下限"。增设预应力钢束效应,应能抵消恒载加大等不利因素影响。

(3)悬臂板。

悬臂板根部加固应考虑一定的横向预应力损失,在加固措施实施后,在最不利情况下,也应保证运营期结构安全。

(4)加固顺序。

①先卸载(凿除桥面铺装层);②张拉新增预应力钢束;③腹板加厚;④梁底缺陷处治、粘贴碳纤维板;⑤桥面铺装层改造。

5.1.1.7 实施效果

2019年,项目实施后,桥梁病害得到有效处治,现场实施后效果如图5-19、图5-20所示。

图5-19 主桥整体实施效果

图5-20 主桥梁底粘贴碳纤维效果

5.1.2 某高速公路 5×45m 顶推连续箱梁桥 A 维修加固改造工程

本案例为 5×45m 等截面预应力现浇箱梁增加墩柱的改变结构体系加固。

5.1.2.1 项目概况

某高速公路 5×45m 顶推连续箱梁桥 A 全长为 270.04m,上部结构为 5×45m 预应力混凝土连续箱梁 +2×20m 预应力混凝土空心板。预应力混凝土连续箱梁采用单箱单室箱梁,箱梁顶板宽 12m,底板宽 5.4m,底板水平、顶板设单向横坡,两侧腹板高度不等。纵轴中心线处箱梁高 3m。1 号桥台为桩柱式桥台,基础为两根直径 1.5m 的钻孔灌注桩。8 号桥台采用桩柱式桥台,单排两根直径 1.5m 的钻孔灌注桩基础。2 号~5 号桥墩采用空心薄壁墩,6 号桥墩为原桥桥台改造而来,原来结构形式为薄壁式,7 号桥墩为桩柱式。桥梁断面如图 5-21 所示。

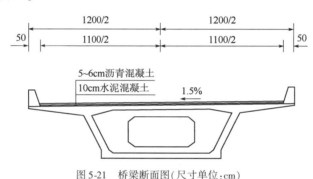

图 5-21　桥梁断面图(尺寸单位:cm)

墩身为双室空心箱形截面。支座采用 TPZ-1 型盆式橡胶支座。

桥面宽度:0.5m(防撞护栏)+11m(行车道)+0.5m(防撞护栏)。

设计荷载:汽车—超 20 级、挂车—120。

桥面铺装:原设计为 8cm 水泥混凝土铺装,在 2005 年加固后桥面铺装为 10cm 水泥混凝土铺装 +5~6cm 厚沥青混凝土铺装。

设计行车速度:100km/h。

5.1.2.2 历年养护情况

该桥在 2005 年进行了加固,加固共分两方面内容:一部分为梁体加固,一部分为桥台维修,梁体加固主要内容为:

(1)第一跨至第五跨张拉体外预应力束。

(2)箱梁腹板内侧铆粘钢板、箱梁腹板外侧贴碳纤维。

(3)箱梁腹板内侧挂钢筋网并灌注水泥基灌浆材料以增大腹板截面尺寸。

(4)采用封闭法和压浆法对裂缝进行修补。

体外预应力布置如图 5-22 所示,钢板加固布置如图 5-23 所示,箱梁底板加厚如图 5-24 所示。

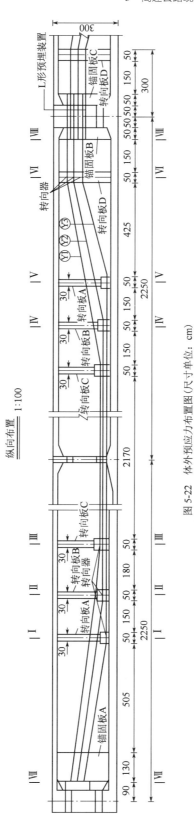

图 5-22 体外预应力布置图（尺寸单位：cm）

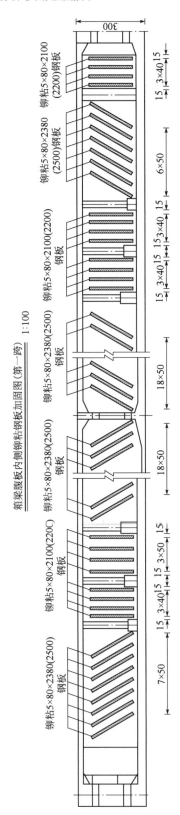

图 5-23 钢板加固布置图 (尺寸单位: cm)

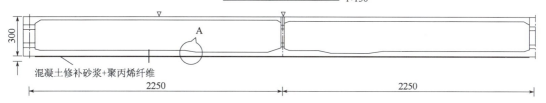

图 5-24 箱梁底板加厚图(尺寸单位:cm)

由于西侧桥台病害严重,又对西侧桥台进行维修,维修的主要内容为:

(1)西桥台新增排水及护坡工程;

(2)桥台周围新增 6 根加固基桩;

(3)在承台、台身侧面植筋、新增部分承台。

此后为卸载桥台后方土压力,将西侧桥台改成桥墩,并在西侧增加了 2 孔 20m 的预应力混凝土空心板桥梁。

5.1.2.3 现状的调查与评定

上部承重构件检查结果如图 5-25～图 5-43 所示。

图 5-25 第 1 跨现浇箱梁剥落、掉角

图 5-26 第 1 跨现浇箱梁纵向裂缝

图 5-27 第 1 跨现浇箱梁混凝土破损

图 5-28 第 1 跨现浇箱梁横隔板竖向裂缝

图 5-29 横隔板有 1 处网裂

图 5-30 箱梁底板斜向裂缝

图 5-31 第 1 跨现浇箱梁锈胀露筋,波纹管外露

图 5-32 腹板竖向裂缝

a)

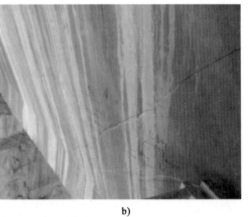
b)

图 5-33 腹板斜向裂缝

图 5-34　梁底板横向裂缝

图 5-35　梁腹板斜向裂缝

a)

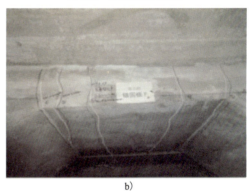
b)

图 5-36　横隔板竖向裂缝

图 5-37　第 1 跨箱梁内部裂缝图

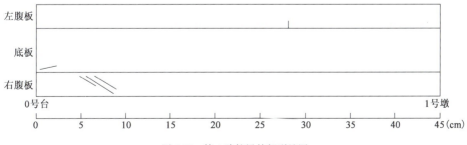
图 5-38　第 1 跨箱梁外部裂缝图

图 5-39 第 2 跨箱梁内部裂缝图

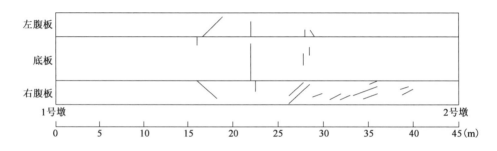

图 5-40 第 2 跨箱梁外部裂缝图

图 5-41 第 3 跨箱梁内部裂缝图

图 5-42 第 4 跨箱梁内部裂缝图

图 5-43 第 5 跨箱梁内部裂缝图

5.1.2.4 桥梁技术状况评定

综合以上检测结果,根据《公路桥梁技术状况评定标准》(JTG/T H21—2011)对该桥主桥和引桥分别进行评定,然后以技术状况等级评定结果最差的作为全桥的评定结果。该桥评定结果为:主桥(箱梁桥跨部分)上部结构为 4 类,总体评级为 4 类。

5.1.2.5 桥梁病害分析

1)在分析中采用了 midas/civil 计算软件对 2005 年加固之后的情况进行验算
(1)本桥按全预应力混凝土构件设计,按照全预应力混凝土验算。
(2)桥面现浇层不参与结构受力。
(3)钢筋混凝土重度:26.0kN/m³,桥面系:50kN/m。
(4)汽车荷载:汽车—超 20 级,车道数采用三车道。
(5)体系升温:+25℃、体系降温:-20℃;温度梯度荷载:按照《桥涵设计通用规范》(JTG D60—2015)进行验算。
(6)支座不均匀沉降:1.0cm。
2)验算结果
(1)抗弯极限承载能力验算(图 5-44)。

图 5-44 抗弯极限承载能力验算

根据验算结果发现墩顶及跨中位置处抗弯满足要求。
(2)抗剪极限承载能力验算(图 5-45)。
验算结果发现,抗剪承载能力基本满足要求。
(3)正截面顶缘抗裂能力验算(图 5-46、表 5-1)。

图 5-45 抗剪极限承载能力验算

图 5-46 正截面顶缘抗裂能力验算(单位:MPa)

正截面顶缘抗裂能力验算结果　　　　表 5-1

加固方案	应力(MPa)	限值(MPa)
2005 年加固最大拉应力	-0.5	0

从表中可以看出,2005 年加固后原桥正截面顶缘抗裂满足规范要求。

(4)正截面底缘抗裂能力验算(图 5-47、表 5-2)。

图 5-47 正截面底缘抗裂能力验算(单位:MPa)

正截面底缘抗裂能力验算结果　　　　表 5-2

加固方案	应力(MPa)	限值(MPa)
2005 年加固最大拉应力	0.3	0

从表中可以看出,2005 年加固后原桥正截面底缘抗裂除边跨个别位置不满足规范要求外,其余位置均满足规范要求。

(5)斜截面抗裂能力验算(图 5-48)。

图 5-48 斜截面抗裂能力验算

2005 年加固后原桥斜截面抗裂除个别支点位置不满足规范要求外,其余位置均满足规范要求。

(6)正截面顶缘压应力验算(图 5-49、表 5-3)。

图 5-49 正截面顶缘压应力验算(单位:MPa)

正截面顶缘压应力验算结果　　　　表 5-3

加固方案	应力(MPa)	限值(MPa)
2005 年加固最大压应力	-13.5	-15.64

从计算结果可以看出,2005年加固后原桥正截面顶缘压应力均满足规范要求。

(7)正截面底缘压应力验算(图5-50、表5-4)。

图5-50 正截面底缘压应力验算(单位:MPa)

正截面底缘压应力验算结果　　　　　　　　　　表5-4

加固方案	应力(MPa)	限值(MPa)
2005年加固最大压应力	-12.5	-15.64

从计算结果可以看出,2005年加固后原桥正截面底缘压应力均满足规范要求。

3)验算结论

(1)主梁抗弯、抗剪承载力满足要求。

(2)正截面、斜截面抗裂除个别点外,其余位置均满足规范要求。

(3)正截面、斜截面应力验算满足规范要求。

理论分析结果与当前桥梁病害情况并不完全一致,根据理论计算结果,2005年加固后桥梁斜截面抗裂满足规范要求且有富余,正截面底缘正拉应力未超过抗拉强度标准值,理论上混凝土不应该出现斜向及横向开裂,但检测报告显示在2017年时,2005年加固过的部分斜裂缝重新出现,底板个别位置出现横向裂缝、腹板出现竖向裂缝,分析原因主要与车辆超载、梁体质量差、体外预应力束长期应力损失较大,加固效果逐渐变差有关。

5.1.2.6 桥面板病害及分析

桥面板主要病害为桥面板跨中位置的纵向裂缝以及严重混凝土剥落露筋。计算分析结果如按照原规范进行验算,活载分项系数为1.4,结论如表5-5、表5-6所示。

桥面板极限承载能力验算结果(按原规范)　　　　　　表5-5

承载能力验算	效应(kN·m)	抗力(kN·m)	富裕度
跨中	94.4	104.9	11.12%

原桥正常使用极限状况裂缝宽度验算　　　　　　表5-6

裂缝宽度验算	裂缝宽度(mm)	限值(mm)
跨中	0.136	0.2

如按照现行规范进行验算,活载分项系数为1.8,结论如表5-7所示,裂缝宽度验算同表5-6。

桥面板极限承载能力验算结果(按新规范)　　　　　　表5-7

承载能力验算	效应(kN·m)	抗力(kN·m)	富裕度
跨中	108.9	104.9	-3.67%

从计算结果上看,可以得出如下结论:

(1)桥面板中部承载力满足老规范(1.4分项系数)要求,如按新规范(1.8分项系数)则不满足要求。

(2)原桥桥面板裂缝宽度验算满足要求。

(3)在活载分项系数从1.4提高到1.8之后,原桥面板承载能力不能满足要求,说明原桥桥面板抵抗超载能力弱,在超载重车作用下易出现病害。

5.1.2.7 桥梁纵向加固

本桥纵向加固采用方法如下:

(1)增设永久桥墩,使桥墩与原桥墩一起承受活载作用。

在每跨跨中位置增加一个混凝土永久桥墩,其中1'号、5'号墩采用桩柱式,采用直径1.8m的桩基接1.6m的立柱。2'号~4'号墩采用空心薄壁墩,长6m,宽3m,壁厚0.6m。桥墩承台长为10.8m,宽为8.2m,承台厚度3m。承台下部为6根直径为1.6m的桩基。

(2)在病害位置粘贴钢板进行加固。加固立面如图5-51所示。

增设永久桥墩方案与原桥计算结果比较,比较结果如下:

(1)抗弯极限承载能力比较。

抗弯承载能力比较结果如表5-8所示。

抗弯承载能力比较结果　　表5-8

加固方案	跨中最大弯矩(kN·m)	抗力(kN·m)	富裕度
2005年加固	108642	132449	17.97%
2019年加固(增加桥墩)	82798	132448	37.49%

从计算结果可以看出,增加桥墩的方案对抗弯承载能力改善大。

(2)正截面抗裂能力验算。

正截面顶缘、底缘抗裂比较结果如表5-9、表5-10所示。

正截面顶缘抗裂比较结果　　表5-9

加固方案	应力(MPa)	限值(MPa)
2005年加固最大拉应力	−0.5	0
2019年加固(增加桥墩最大应力)	−1.6	0

正截面底缘抗裂比较结果　　表5-10

加固方案	应力(MPa)	限值(MPa)
2005年加固最大拉应力	0.3	0
2019年加固(增加桥墩最大应力)	−1.6	0

从计算结果可以看出,增加桥墩的方案对正截面顶缘、底缘抗裂改善大。

(3)斜截面抗裂能力验算。

斜截面抗裂比较结果如表5-11所示。

5 高速公路现浇混凝土连续梁桥维修加固工程实例

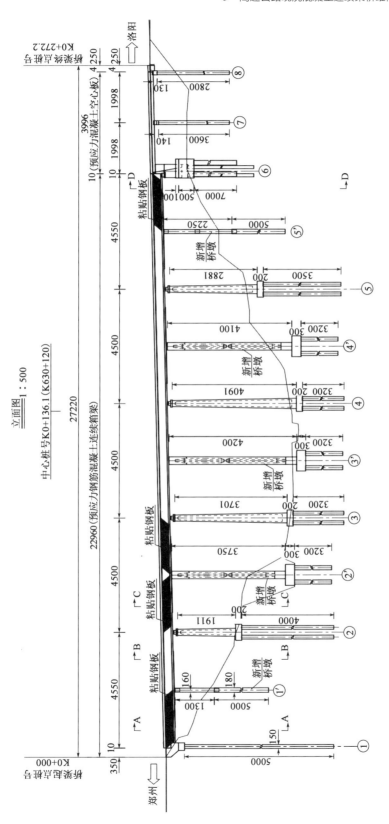

图 5-51 加固立面图 (尺寸单位：cm)

斜截面抗裂比较结果　　　　　　　　　　　　　　　表 5-11

加固方案	应力(MPa)	限值(MPa)
2005 年加固最大主拉应力	-1.3	-1.5
2019 年加固(增加桥墩最大主拉应力)	-1.0	-1.5

从计算结果可以看出,增加桥墩的方案对斜截面抗裂能力改善大。

(4)正截面顶缘、底缘压应力验算。

正截面顶缘、底缘压应力比较结果如表 5-12、表 5-13 所示。

正截面顶缘压应力比较结果　　　　　　　　　　　表 5-12

加固方案	应力(MPa)	限值(MPa)
2005 年加固最大主压应力	-13.5	-15.64
2019 年加固(增加桥墩最大主压应力)	-13.3	-15.64

正截面底缘压应力比较结果　　　　　　　　　　　表 5-13

加固方案	应力(MPa)	限值(MPa)
2005 年加固最大主压应力	-12.5	-15.64
2019 年加固(增加桥墩最大主压应力)	-10.9	-15.64

从计算结果可以看出,跨中处增设永久桥墩方案对正截面压应力能力改善大。

总之,从计算结果可以看出,增加桥墩后,结构各方面受力状况均有所改善。

5.1.2.8　新增支座

为了使新增桥墩在活载作用下与原桥桥墩一起工作,需保证梁体与新增支座之间的接触状态。设计中支座采用板式橡胶支座,支座型号为 $GYZF_4d400\times56$,同时采用可调式支座垫石调整支座与梁体的接触状态,为了保证密贴,可采取新支座单点向上顶升梁体的方法,顶升力最大不超过 20t。

5.1.2.9　桥面板加固

(1)更换混凝土铺装、增大混凝土铺装内钢筋、增设新老混凝土界面抗剪钢筋,增强桥面腹板处负弯矩承载力。将原桥混凝土铺装层从 8cm(水泥混凝土)+5~6cm(沥青混凝土)调整为 10cm(水泥混凝土)+5cm(沥青混凝土)。

(2)桥面板跨中区底缘每 1m 增设型钢及相应接剪连接件,增强桥面板跨中区正弯矩承载力。考虑桥面铺装与顶板共同受力后的计算结果如表 5-14、表 5-15 所示。

加固后跨中抗弯极限承载能力计算结果　　　　　　表 5-14

承载能力验算	效应(kN·m)	抗力(kN·m)	富裕度
跨中弯矩	137.8	310	125%

加固后跨中裂缝验算结果　　　　表5-15

裂缝验算	效应(kN·m)	裂缝宽度(mm)	裂缝宽度限值(mm)
跨中弯矩	78.1	0.158	0.2

加固完毕之后,承载能力可以满足要求、裂缝宽度也可满足要求。

桥面板加固示意、箱梁新增横梁一般构造如图5-52、图5-53所示。

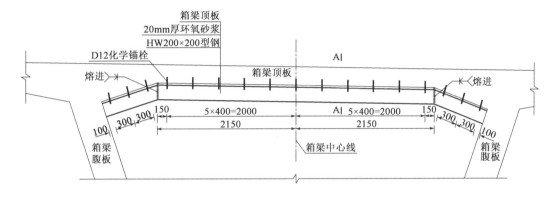

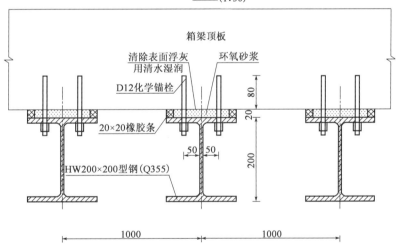

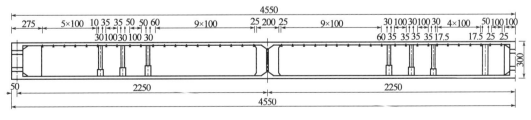

图 5-52

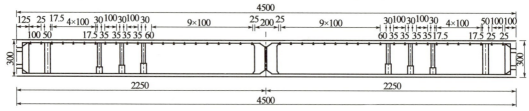

图 5-52　桥面板加固示意图(尺寸单位:cm)

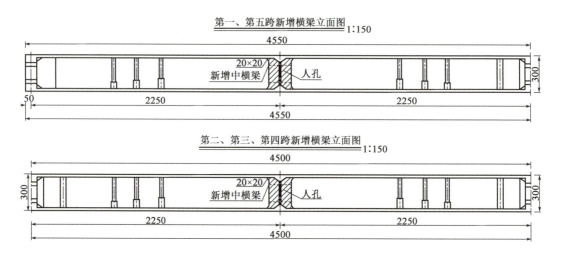

图 5-53　箱梁新增横梁一般构造图(尺寸单位:cm)

5.1.2.10　实施效果

2020 年,专项实施后,该桥四类桥病害得到有效处治,现场实施效果如图 5-54 所示。

图 5-54　现场实施效果

5.1.3　某高速公路5×45m顶推连续箱梁桥B维修加固改造工程

本案例为5×45m等截面预应力现浇箱梁的增加刚支撑的改变结构体系加固。

5.1.3.1　项目概况

桥梁全长为229.25m,上部结构为5×45m预应力混凝土连续箱梁,截面采用单箱单室箱梁,箱梁顶板宽12m,底板宽5.4m,两侧腹板高度不等从而形成横坡,如图5-55所示。纵轴中心线处箱梁高3m。1号、6号桥台为桩柱式桥台,基础为两根直径1.5m的钻孔灌注桩。2号~5号桥墩采用空心薄壁墩。墩身为双室空心箱形截面。支座采用TPZ-1型盆式橡胶支座。

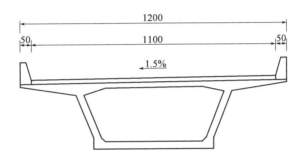

图5-55　桥梁断面图(尺寸单位:cm)

桥面宽度:0.5m(防撞护栏)+11m(行车道)+0.5m(防撞护栏)。

设计荷载:汽车—超20级、挂车—120。

桥面铺装:原设计为8cm水泥混凝土铺装,为掌握当前桥面铺装厚度,设计单位进行了取芯,结果表明铺装厚度为(4~11)cm沥青混凝土铺装+(7~9)cm水泥混凝土铺装。

设计行车速度:100km/h。

5.1.3.2　历年养护情况

该桥2005年进行了梁体加固,如图5-56~图5-58所示,加固主要内容为:

(1)第一跨至第五跨张拉体外预应力束。

(2)箱梁腹板内侧铆粘钢板、箱梁腹板外侧贴碳纤维布。

(3)箱梁腹板内侧挂钢筋网并灌注水泥基灌浆材料以增大腹板截面尺寸。

(4)采用封闭法和压浆法对裂缝进行修补。

5.1.3.3　上部承重构件检查结果

上部承重构件检查结果如图5-59~图5-70所示。

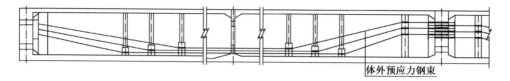

图 5-56　体外预应力布置图

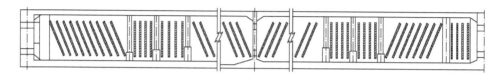

图 5-57　钢板加固布置图

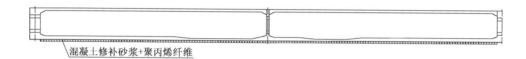

图 5-58　箱梁底板加厚图

图 5-59　第 1 跨箱梁纵向裂缝

图 5-60　第 1 跨现浇箱梁斜向裂缝

图 5-61　第 1 跨现浇箱梁横向裂缝

图 5-62　第 2 跨箱梁纵向裂缝

5　高速公路现浇混凝土连续梁桥维修加固工程实例

图 5-63　第 2 跨箱梁斜向裂缝

图 5-64　第 2 跨箱梁横向裂缝

图 5-65　第 4 跨箱梁横向裂缝

图 5-66　第 4 跨箱梁纵向裂缝

图 5-67　第 5 跨箱梁斜向裂缝

图 5-68　第 5 跨箱梁竖向裂缝

图 5-69 梁腹板斜向裂缝

图 5-70 梁体渗水泛碱

5.1.3.4 桥梁技术状况评定

综合以上检测结果,根据《公路桥梁技术状况评定标准》(JTG/T H21—2011)全桥总体技术状况等级评定时,当主要部件评分达到 4 类或 5 类且影响桥梁安全时,可按照桥梁主要部件最差的缺损状况评定,该桥上部承重部件得分 40.89 分,因此全桥技术状况等级为 4 类。

5.1.3.5 梁体病害分析验算

在分析中采用了 midas/civil 计算软件对 2005 年加固之后的情况进行验算。验算结论为:

(1)主梁抗弯、抗剪极限承载力满足要求。
(2)正截面、斜截面抗裂除个别点外,其余位置均满足规范要求。
(3)正截面、斜截面应力验算满足规范要求。

理论分析结果与当前桥梁病害情况并不完全一致,根据理论计算结果,2005 年加固后桥梁斜截面抗裂满足规范要求且有富余,正截面底缘正拉应力未超过抗拉强度标准值,理论上混凝土不应该出现斜向及横向开裂,但检测报告显示 2005 年加固过的部分斜向裂缝重新出现,底板个别位置出现横向裂缝、腹板出现竖向裂缝,分析原因主要为车辆超载、梁体质量差、体外预应力束长期应力损失较大,导致加固效果逐渐变差。

5.1.3.6 桥面板病害及分析

桥面板主要病害为桥面板跨中位置的纵向裂缝以及混凝土剥落露筋。计算分析结果如下,如按照原设计规范进行验算,活载分项系数为 1.4,结论如表 5-16、表 5-17 所示。

桥面板抗弯极限承载能力验算结果(按原规范)　　表 5-16

承载能力验算位置	效应(kN·m)	抗力(kN·m)	富裕度
跨中	94.4	104.9	11.12%

原桥短期效应组合裂缝宽度验算　　　　表 5-17

裂缝宽度验算	裂缝宽度(mm)	限值(mm)
跨中	0.136	0.2

如按照新规范进行验算,活载分项系数为 1.8,此时桥面板抗弯极限承载能力验算结果如表 5-18 所示。

桥面板抗弯极限承载能力验算结果(按新规范)　　　　表 5-18

承载能力验算	效应(kN·m)	抗力(kN·m)	富裕度
跨中	108.9	104.9	-3.67%

从计算结果可以得出如下结论:

(1)桥面板中部承载力满足原规范(1.4 分项系数)要求,不满足新规范(1.8 分项系数)要求。

(2)原桥桥面板裂缝宽度验算满足要求。

(3)活载分项系数从 1.4 提高到 1.8 后,原桥面板承载能力不能满足要求,说明原桥桥面板抵抗超载能力弱,在超载重车作用下易出现病害。

5.1.3.7　桥梁纵向加固

本桥采用增加钢支撑的方法进行纵向加固,整体布置图如图 5-71 所示:

(1)在 2～5 号桥墩位置增加钢支撑,钢支撑上安装可调高支座,新增支座距原支座中心为 5m。

(2)在梁体裂缝病害位置粘贴钢板。

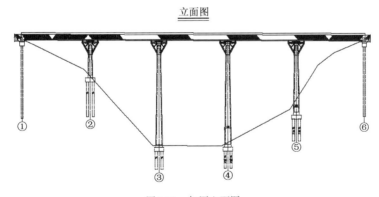

图 5-71　加固立面图

新增加的钢支撑,不参与分担梁体自重,但是与老支座一起承担新增横梁、二期恒载、活载作用。计算中考虑桥梁病害情况对承载能力的影响。根据《公路桥梁承载能力检测评定规程》(JTG/T J21—2011)中相关规定,取承载能力检算系数 Z_1 为 0.9、承载能力恶化系数 ε_e 为 0.1、钢筋的截面折减系数 ε_s 为 0.95、配筋混凝土结构的截面折减系数 ε_c 为 0.95,验算结果如下:

(1)抗弯极限承载能力比较。

从表5-19和表5-20计算结果中可以看出,加固前跨中抗弯极限承载能力不满足规范要求,加固后满足要求。加固前后跨中、墩顶抗弯承载能力均满足规范要求。

跨中抗弯承载能力比较结果　　　　表5-19

加固方案	跨中最大弯矩(kN·m)	容许值(kN·m)
2005年加固后	108642	107175
桥墩增加钢支撑	105347	107175

墩顶抗弯承载能力比较结果　　　　表5-20

加固方案	墩顶最大弯矩(kN·m)	容许值(kN·m)
2005年加固后	-24388	-90818
桥墩增加钢支撑	-17938	-90818

(2)剪力效应比较。

从表5-21计算结果中可以看出,加固后最大剪力减少了15%。

抗剪承载能力比较结果　　　　表5-21

加固方案	最大剪力(kN)
2005年加固后	11335
桥墩增加钢支撑	9620

(3)正截面抗裂能力验算。

表5-22和表5-23中计算结果表明加固后正截面顶缘抗裂能力提高,底缘抗裂能力也有提高。加固后全桥都满足规范要求。以下所有应力符号,规定拉应力为"+",压应力为"-"。

正截面顶缘抗裂比较结果　　　　表5-22

加固方案	应力(MPa)	限值(MPa)
2005年加固后	-0.5	0
桥墩增加钢支撑	-1.2	0

正截面底缘抗裂比较结果　　　　表5-23

加固方案	应力(MPa)	限值(MPa)
2005年加固后	0.3	0
桥墩增加钢支撑	-0.1	0

(4)斜截面抗裂能力验算。

从表5-24计算结果中可以看,加固后斜截面抗裂能力改善明显。

斜截面抗裂比较结果　　　　　　　　　　　　表 5-24

加固方案	应力（MPa）	限值（MPa）
2005 年加固后	1.07	1.35
桥墩增加钢支撑	0.85	1.35

（5）正截面顶缘压应力验算。

从表 5-25、表 5-26 计算结果中可以看出，加固前后正截面顶缘、底缘压应力都满足规范要求，加固后正应力降低。

正截面顶缘压应力比较结果　　　　　　　　　表 5-25

加固方案	应力	限值（MPa）
2005 年加固后	-13.5	-14.08
桥墩增加钢支撑	-12.6	-14.08

正截面底缘压应力比较结果　　　　　　　　　表 5-26

加固方案	应力	限值（MPa）
2005 年加固后	-12.5	-14.08
桥墩增加钢支撑	-10.1	-14.08

5.1.3.8　新增钢支撑

钢支撑采用三角形桁架形式，由横杆 N1、斜撑 N2 及斜撑 N15 组成，N1，N2 均采用双拼 HM588 型钢组成，为了方便拼装，所有杆件均采用螺栓进行连接，如图 5-72 所示。施工中，首先在墩顶位置外包钢板 N6 与 N10，钢板与墩顶混凝土之间采用自切底螺栓进行连接。杆件 N1、N2 一端与 N6 与 N10 上预先焊接的节点板进行螺栓连接，N1 与 N2 亦采用节点板进行连接。

5.1.3.9　新增支座

为了使新增支撑在活载作用下与原桥桥墩一起工作，需保证梁体与新增支座之间的接触状态。设计中支座采用可调高支座，为了保证密贴，采取新支座单点向上顶升梁体的方法，顶升力为 20t。

5.1.3.10　桥面板加固

（1）更换混凝土铺装、增大混凝土铺装内钢筋、增设新老混凝土界面抗剪钢筋，增强桥面腹板处负弯矩承载力。铺装层改造后为 10cm（水泥混凝土）+4cm（沥青混凝土）。

（2）桥面板跨中区底缘每 1m 增设型钢及相应接剪连接件，增强桥面板跨中区抗弯承载力。

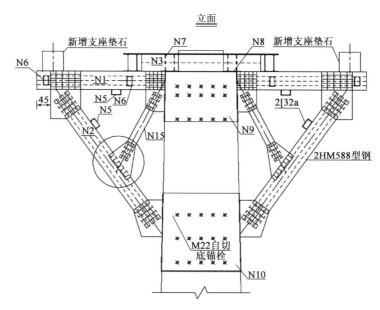

图 5-72 新增钢支撑图

考虑桥面铺装与顶板共同受力后的计算结果如表 5-27、表 5-28 所示。

加固后跨中抗弯极限承载能力计算结果　　　表 5-27

承载能力验算	效应(kN·m)	抗力(kN·m)	富裕度(%)
跨中弯矩	137.8	310	125

加固后跨中裂缝宽度验算结果　　　表 5-28

裂缝宽度验算	裂缝宽度(mm)	裂缝宽度限值(mm)
跨中弯矩	0.158	0.2

加固完毕之后,承载能力可以满足要求、裂缝宽度也可满足要求。桥面板加固示意如图 5-73 所示。

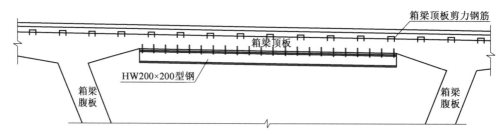

图 5-73 桥面板加固示意图

5.1.3.11 实施效果

2020 年专项实施后,该桥四类桥病害得到有效处治,现场实施效果如图 5-74 所示。

图 5-74 现场实施效果

5.2 独柱墩连续梁桥抗倾覆维修加固案例

5.2.1 独柱墩桥梁维修加固专项工程(墩顶增设钢盖梁)

5.2.1.1 独柱墩桥梁概况

某互通式立交匝道 E 跨被交道桥(图 5-75),上部结构为(30+40+30)m 的现浇预应力混凝土等宽变高度连续箱梁。箱梁梁体顶板宽 8.5m,跨中及箱梁端部梁高 1.0m,中间墩支座处梁高 1.4m,底板宽 6.2m。下部结构:1~2 号桥墩为独柱墩,立柱直径为 1.4m;0 号及 3 号桥台均为双柱式,立柱直径 1.2m,两立柱中心距离 4.6m。桥墩基础为钻孔灌注桩基础。1 号桥墩设置沿桥纵向活动的 GPZ(KZ)9DX 型支座,2 号桥墩设置 GPZ(KZ)9GD 型支座,桥台设置 GPZ(KZ)3SX 型支座。

经验算,支座安全系数最小值为 1.09,安全富余度不高;抗倾覆安全系数为 1.61,不能满足要求。在超载车辆作用下,支座的安全系数与抗倾覆性能均不能满足相关规范要求,在极不利荷载作用下,桥梁有可能产生倾覆破坏。为避免倾覆事故的发生,对以上桥梁采取加固处理。

5.2.1.2 加固设计原则

(1)维修加固用以改善结构受力性能,根据各桥位特点分别制定适用的加固方案,提高桥梁抗倾覆性能,确保安全;

(2)维修加固设计、施工应严格防止对原结构的损伤;

(3)维修加固设计考虑加固后的美观性,力求加固结构匀称,比例协调,形式优美;

(4)维修加固设计方案宜尽可能避免对现有高速公路桥面正常行车造成影响。

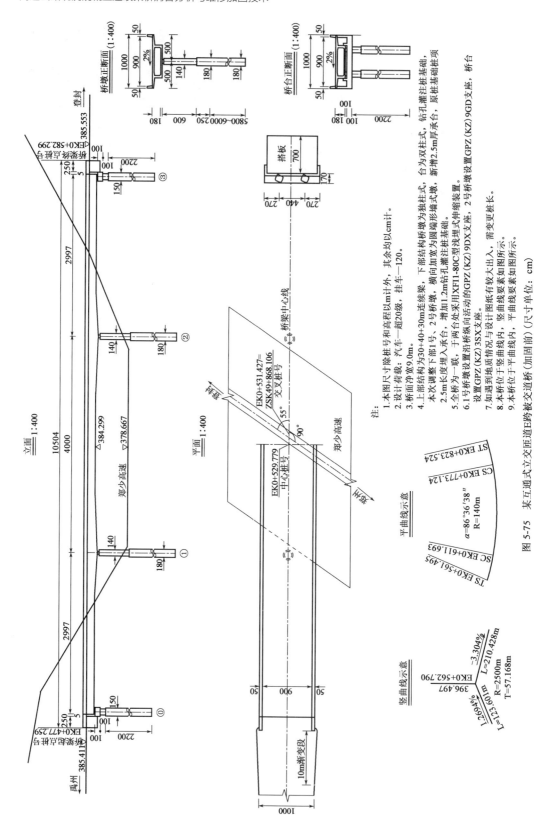

图 5-75 某互通式立交匝道 E 跨 L 跨敏交道桥(加固前)(尺寸单位: cm)

5.2.1.3 独柱墩桥梁倾覆原因分析

目前,独柱墩桥梁在全国应用较为广泛。在设计之初,由于其具有结构轻巧,桥下通透性好、视野开阔,易适应地形,下部工程量小等优点,在公路桥梁与城市桥梁中得到了大量应用。

虽然独柱墩桥梁的上下部结构受力性能可以满足桥梁设计规程要求,但是由于其桥墩横向支承体系为单支点支承,在汽车偏载作用下,对结构的横向抗倾覆稳定非常不利,导致桥梁整体抗倾覆稳定性的安全储备不足,在超载车辆偏载通过时,存在桥梁整体倒翻和墩柱破坏的安全隐患。

从桥梁结构的安全性能方面分析,独柱墩支承桥梁主要存在四个方面的安全隐患:

(1)独柱墩桥梁在超载车辆偏心作用及恒载偏心作用下,桥台(或连接墩)双支点位置可能存在支座脱空现象、桥墩单支点位置不能为上部梁体提供横向约束,导致上部梁体变形过大,从而形成机动体系,造成桥梁上部结构突然整体侧翻、倾覆。该类型的破坏形式属于无预兆的脆性破坏,事先无明显预兆,会造成桥塌、车毁、人亡的严重事故。

(2)如连接墩采用独柱墩+盖梁的构造形式,在超载车辆作用于连接墩位置时,盖梁的弯矩和剪力以及独柱墩的弯矩达到最不利荷载工况,当内力设计值远大于其截面承载力时,连接墩的盖梁或独柱墩会出现承载能力极限状态的破坏,从而使上部梁体丧失边界支承条件、形成机动体系而发生梁体整体侧翻倾覆的事故。

(3)独柱墩本身属于偏心受压构件,如果桥墩高度大或者桥墩墩身回转半径小,在超载车辆偏心作用下,经过结构计算分析可知,支座会出现较大的横桥向水平力,可能出现墩柱根部截面弯矩设计值大于其承载力的不利工况,从而造成桥梁墩柱根部截面的弯剪破坏。

(4)在超载车辆偏心作用下,连续独柱墩的箱梁跨径较长,一旦桥梁抗扭承载力不足,桥梁会出现剪扭破坏。

从近几年国内出现的数起有关独柱墩支撑桥梁的事故分析来看,均为前三类因素引起的事故。第四类因素"上部箱梁剪扭破坏"造成的桥梁垮塌事故尚无案例,这是因为桥梁结构的剪扭构件多存在于曲线桥梁中,而曲线桥梁绝大多数采用的是抗扭性能优异的闭口箱形截面,该截面抗扭安全储备高,不易发生脆性破坏。

从以上分析可知,对于独柱墩桥梁的抗倾覆加固措施应从前三类破坏形式入手,并综合考虑经济性、可行性、技术难易程度、社会影响效应、施工周期等多方面因素,采取切实可行的加固方案。

5.2.1.4 维修加固方案

加固方案:加固1号和2号桥墩,独柱墩增设钢盖梁,增加两个支座,如图5-76所示。盖梁可采用钢箍套箱结构。钢箱内侧为双半圆钢板箍,横桥向两侧各设置加劲肋,与钢板箍焊接,顺桥向两支座底板各设置一道贯通隔板以及封端板形成格构式钢箱。

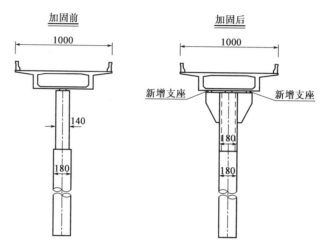

图 5-76　加固桥墩断面图(增设钢盖梁)(尺寸单位:cm)

5.2.1.5　钢结构盖梁施工

钢结构盖梁的施工质量要求和验收标准应按《钢结构工程施工质量验收标准》(GB 50205—2020)执行。独柱墩增设钢盖梁,增加两个支座,可有效减小扭转跨,改善梁体受力状态。盖梁可采用钢箍套箱结构,新增支座间距可采用桥台或连接墩的支座间距,盖梁长宽尺寸根据计算确定。钢箱内侧为双半圆钢板箍,横桥向两侧各设置加劲肋,与钢板箍焊接,顺桥向两支座底板各设置一道贯通隔板以及封端板形成格构式钢箱。

独柱桥墩施工前必须利用梁底空间先安装新支座上形调平钢板。首先应凿除新支座范围梁底混凝土保护层,其次,将垫板上焊接的锚筋与箱梁纵向钢筋焊接,临时固定上垫板,在支座上垫板四周焊接竖向钢围板形成钢盒,并预留灌浆孔,然后向盒内灌注高强无收缩灌浆料。

5.2.1.6　维修加固流程

钢盖梁主要施工流程如下:

(1)凿除柱顶混凝土至设计高度,并将柱顶钢套包裹范围内的墩柱外侧圆周混凝土保护层进行凿毛处理并清洗干净,探明既有主筋位置。

(2)在柱顶上用墨线画出植筋的位置,新植筋须避开原墩柱受力主筋,准确测量各预备植筋位置,如局部位置重叠,可适当移动植入钢筋位置。

(3)工厂加工盖梁零件,各竖向腹板与钢抱箍之间采用双面角焊缝。

(4)焊接钢套箍预紧锚栓端板及加劲板。

(5)按现场测量植筋的位置数据在钢抱箍内壁进行钻孔。

(6)彻底清除钢抱箍内铁锈,氧化铁皮,油污,水分等有害物使其表面显露出钢材金属光泽,至此,零件工厂加工过程完成。

(7)工厂加工钢盖梁其余各部零件,零件加工要求尺寸精确,加工完毕送至施工现场待安装。

(8)配胶。根据气温及施工要求配置A级胶,配胶过程中需采用电动搅拌机将胶体搅拌均匀。

(9)将钢抱箍零件吊装至脚手架上,确认植筋位置对应无误后固定,安装顶板,封闭上下缝隙以备灌胶。

(10)灌胶。将灌浆装入灌胶压力容器,由灌胶嘴将胶液注入架设好的钢板筑和混凝土之间的缝隙。

(11)钢抱箍预紧锚栓加压,钢板持续加压72h直至达到足够的黏结强度。

(12)现场植筋,锚栓型号M32。

(13)采用电动、气工或人工特制扳手将植入锚栓拧紧,施工完毕后可将锚栓与钢抱箍冲孔间隙塞焊。

(14)焊接横隔板,然后焊接各竖向加劲肋及封端板,钢盖梁形成。

(15)对盖梁顶板与墩头水平面之间的间隙进行灌浆。

(16)养护3d,在原有支座两侧设置千斤顶,安装新支座下钢电盒或下垫钢板。

(17)补焊原垫石位置钢盖梁顶板,在原垫石补焊钢板与柱顶凿毛的混凝土空隙灌注高强无收缩灌浆料,使柱顶与盖梁顶板密贴。

(18)养护3d,柱顶灌浆料强度达到设计强度80%时,箱梁应下落就位。

5.2.1.7 实施效果

2015年专项实施后,某互通式立交匝道E跨被交道桥独柱墩进行了增设钢盖梁,有效提高了桥梁上部的整体抗倾覆性能,满足规范要求,效果良好,如图5-77所示。

图5-77 墩顶增设钢盖梁现场实施效果

5.2.2 独柱墩桥梁维修加固专项工程(独柱墩改薄壁墩)

5.2.2.1 独柱墩桥梁概况

某互通式立交 C 匝道桥,上部结构为 3×20m 的现浇钢筋混凝土等高度连续箱梁。箱梁梁体顶板宽 10.0m,梁高 1.2m,底板宽度 5.5m;翼缘处顶板高 0.16m,顶板厚 0.35m,底板厚 0.25m,腹板 0.3m,端部处腹板 0.45m。下部结构:1~2 号桥墩为独柱墩,立柱直径为 1.4m;0、3 号桥台为双肋板式,肋板厚度 1.0m,间距 4.0m,墩台基础为钻孔灌注桩基础。全桥均设置为盆式橡胶支座:1~2 号桥墩支座型号为 LQZ7000,0、3 号桥台支座型号为 LQZ1500。地震动峰值加速度 $0.05g$。

验算结果的抗倾覆安全系数均不满足要求。在超载车辆作用下,支座的安全系数与抗倾覆性能均不能满足相关规范要求,在极不利荷载作用下,桥梁有可能产生倾覆破坏。为避免倾覆事故的发生,对以上桥梁采取加固处理。

5.2.2.2 加固设计原则

(1)维修加固用以改善结构受力性能,根据各桥位特点分别制定适用的加固方案,提高桥梁抗倾覆性能,确保安全;

(2)维修加固设计、施工应严格防止对原结构的损伤;

(3)维修加固设计考虑加固后的美观性,力求加固结构匀称,比例协调,形式优美;

(4)维修加固设计方案宜尽可能避免对现有高速公路桥面正常行车造成影响。

5.2.2.3 独柱墩桥梁倾覆原因分析

独柱墩桥梁倾覆原因分析同 5.2.1.3。

5.2.2.4 维修加固方案

加固方案:1 号、2 号桥墩,横向加宽为圆端形墙式,新增 2.5m 厚承台,原桩基础桩顶 2.5m 长度埋入承台,增加 1.2m 钻孔灌注桩基础,如图 5-78 所示。

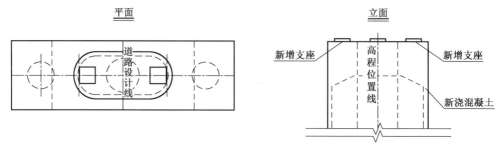

图 5-78 加固桥墩断面图(独柱墩改薄壁墩)

5.2.2.5 维修加固流程

圆端形空心墙式墩能增大桥墩截面面积,横桥向与梁底齐宽,能采用较大的间距布置

新增支座,能有效提高桥梁的抗倾覆安全性能。主要维修加固流程如下:

(1) 检查加固桥墩表面裂缝,若有裂缝进行加固维修。

(2) 清除表层土,新增基桩、承台位置放样。新增基桩施工,仍采用钻孔灌注桩,尽量减小对地基土的扰动和对旧桥基础承载性能的影响,新增桩基础施工宜采用反循环钻孔灌注桩施工法,若条件允许或地质条件较差时可采用全护筒法施工。在施工过程中应对新、旧桥桩基础之间的地基实施保护并加强变形监控,严禁在其上设置结构物、堆放弃土或建筑材料,尽可能减少施工对其带来的不利影响。

(3) 新增基桩施工完毕后,将新增墩柱底的承台顶面范围混凝土进行凿毛处理并清理干净,探明既有主筋位置。

(4) 在墩柱上用墨线画出植筋的位置,新植筋需避开墩柱受力主筋,准确测量各预备植筋位置,植筋位置以新植筋位置不与既有钢筋冲突为原则,如局部位置重叠,可适当移动植入钢筋位。

(5) 配胶。根据气温及施工要求配制 A 级胶,配胶过程中需采用电动搅拌机将胶体搅拌均匀,胶体颜色均一。

(6) 现场植筋,对承台植筋后,绑扎承台钢筋,浇筑新增承台混凝土,对承台混凝土进行养护。

(7) 墩身高度较高,搭设支架必须稳定安全,并注意保护被交道的桥下净空,保证道路通行安全。对新增空心墩与原独柱墩相接部分混凝土保护层进行凿毛处理并清理干净,墩身植筋前探明既有主筋位置,植筋位置以新植筋位置不与既有钢筋冲突为原则,如局部位置重叠,可适当移动植入钢筋位置。

(8) 新增承台施工完毕后,根据桥梁平面线形,在箱梁底面上放出新增支座纵向、横向中线,并在箱梁底部标出新增支座楔形调平钢板位置。制作梁底楔形调平钢板:支座调平钢板根据现场测量的梁底纵、横坡结合设计尺寸,计算出钢板匹角厚度,加工成楔形,调平钢板固定在箱梁底部,要确保调平钢板底面处于水平状态,调平钢板与梁底接触部分、与板式橡胶支座接触部分均须作深度防锈处理。

(9) 新增支座与上部结构箱梁梁底紧密接触。支座顶部设楔形调平钢板,用于调整桥梁纵、横坡,使得新增的板式橡胶支座处于水平位置。该楔形调平钢板需采用锚栓和粘钢环氧胶固定,在墩身混凝土最后一次浇筑前安装完毕,避免安装施工操作空间不足。

(10) 墩身植筋,绑扎墩身钢筋,因墩身较高,可分多次浇筑新增空心墩混凝土。根据新增支座体系的高度,考虑合理操作空间,墩身剩余浇筑高度比箱梁底低 60cm。最后一次浇筑墩身混凝土范围内钢筋安装完毕,混凝土浇筑前,应通过梁底放样的支座位置准确定位支座垫石的四角钢筋,钢筋顶高程即为支座垫石顶高程。在后续的混凝土浇筑过程中,应注意对支座垫石的四角钢筋的保护,严禁触碰造成其移位、变形,并在混凝土初凝前对其位置、高程进行复核,确保准确。浇筑高度达到要求后对墩身顶面垫石进行抹面。对墩身混凝土进行养护。

(11)安装板式橡胶支座,完成施工。

5.2.2.6 实施效果

2015年专项实施后,某互通式立交匝道 C 跨被交道桥独柱墩进行了独柱墩改薄壁墩,有效提高了桥梁上部的整体抗倾覆性能,满足规范要求,效果良好,如图 5-79 所示。

图 5-79 独柱墩改薄壁墩现场实施效果

参 考 文 献

[1] 中华人民共和国交通运输部.公路桥梁加固设计规范:JTG/T J22—2008[S].北京:人民交通出版社,2008.

[2] 中华人民共和国交通运输部.公路钢筋混凝土及预应力混凝土桥涵设计规范:JTG 3362—2018[S].北京:人民交通出版社股份有限公司,2018.

[3] 丁晓岩,卜德江,张文武,等.高速公路现浇混凝土桥梁承重构件常见病害及成因调查重点[M].北京:中国建材工业出版社,2024.

[4] 福建省公路管理局,东南大学.公路桥梁养护维修与加固改造技术[M].北京:人民交通出版社,2013.

[5] 陈开利,王邦楣,林亚超.桥梁工程鉴定与加固手册[M].北京:人民交通出版社,2005.